Fernando Lalana Lac

TRAMONTANA

# «QUERÍAMOS QUE FUESEN LIBRES»
## España y sus jóvenes

Temas hispánicos

Schmetterling Verlag

Die Deutsche Bibliothek – CIP-Einheitsaufnahme

**Tramontana** / Fernando Lalana Lac. – Stuttgart: Schmetterling Verl.
(Temas hispánicos)
«Queríamos que fuesen libres»: España y sus jóvenes.
[Hauptbd.] – 1. Aufl. – 1993
ISBN 3-926369-30-2

Schmetterling Verlag
GbR Jörg Hunger & Paul Sandner
Rotebühlstr. 90
70178 Stuttgart

Alle Rechte vorbehalten
Titelbild nach einem Motiv, das freundlicherweise
die Westfälische Provinzial zur Verfügung stellte
Printed in Germany
1. Auflage 1993     97 96 95 94 / 5 4 3 2 1
ISBN 3-926369-30-2
Satz und Reproduktionen: Schmetterling Verlag
Druck: GuS-Druck GmbH, Stuttgart
Binden: IDUPA, Owen

# Inhalt

**Vorwort** . . . . . . . . . . . . . . . . . . . . . . . . . . . . . 5

**I Conflicto generacional**
1. Fernando Lalana y Luis A. Puente, El regreso* . . . . . . . . 8
2. Fernando Schwartz, Los hijos . . . . . . . . . . . . . . . . . 11
3. Carmen Rico Godoy, Arturo y Elena . . . . . . . . . . . . . 14
4. Milagros López Oliva, Adolescencia y depresión . . . . . . 20
5. Josep Vicent Marqués, Hijos encantadores* . . . . . . . . 23
6. Fernando Vizcaíno Casas, Tengo derecho a pasarlo bien* . 26
7. Fernando Savater, Notario sacrificado . . . . . . . . . . . 30
8. Chumy Chúmez, Del diario de un padre . . . . . . . . . . 33

**II El mundo en el que les toca vivir**
1. EFE, Falta de valores . . . . . . . . . . . . . . . . . . . . 36
2. Juan Tomás de Salas, Los paganos . . . . . . . . . . . . . 39
3. José Aumente, Otras alternativas . . . . . . . . . . . . . 42
4. María Eugenia C. de la Fuente, Vergüenza de sus padres* . 48
5. José María Carrascal, El pelo . . . . . . . . . . . . . . . 52
6. Francisco García Pavón, Hijo de madre* . . . . . . . . . 57

**III ¿La ley de la calle?**
1. Rumualdo Izquierdo, Tribus urbanas . . . . . . . . . . . 64
2. Pilar Barranco, Saltando sobre vomitinas . . . . . . . . . 68
3. Luis Fernando Durán, Dominicano agredido por «cabezas rapadas»* . 71
4. José Catalán Deus, Controlando la «movida» . . . . . . . 75
5. Rosa Giménez Moreno, No hay derecho* . . . . . . . . . 78
6. Augusto Monterroso, La honda de David . . . . . . . . . 81

**IV Evasiones**
1. Margarita Díaz, Sólo quedamos cuatro* . . . . . . . . . . 84
2. Francisco Peregil, La trata de «yonquis» . . . . . . . . . 87
3. Juan José Seijas, Habla un drogodependiente de 33 años . 90
4. José Apezarena, Las otras víctimas* . . . . . . . . . . . 93
5. Reina Sofía, Hay que abrir nuevos caminos . . . . . . . . 96
6. Angel González, Madres contra camellos . . . . . . . . . 100
7. S.R., Liberar de las sectas . . . . . . . . . . . . . . . . 104
8. Editorial, Droga y juventud . . . . . . . . . . . . . . . . 107

## V jóvenes de hoy
1. Carmen Rico Godoy, Un joven de Madrid* . . . . . . . . . . . . . 110
2. Xosé Hermida, Volver a la cárcel . . . . . . . . . . . . . . . . . 113
3. José Luis Martín Descalzo, Soñadores irreales* . . . . . . . . . 117
4. Carlos G. Santa Cecilia, La travesía del «camello» . . . . . . . 120
5. L. Pérez Gil, Con un camión bajo el brazo . . . . . . . . . . . . 124
6. Carmen Rico Godoy, La independiente . . . . . . . . . . . . . 128

## VI Otros textos
1. Alejandro Nieto, Gorriones quinceañeros . . . . . . . . . . . . 132
2. Maruja Torres, Jóvenes . . . . . . . . . . . . . . . . . . . . . . 132
3. Daniel Noriega Marcos, La vara y la cresta . . . . . . . . . . . 133
4. Héctor Anabitarte, Heroína . . . . . . . . . . . . . . . . . . . . 134
5. Fernando Schwartz, Heroísmos . . . . . . . . . . . . . . . . . 135
6. María José Serra, La «caza» del drogadicto . . . . . . . . . . 135
7. Antonio Gala, Los triunfadores . . . . . . . . . . . . . . . . . . 136
8. Editorial, La ruta del «bakalao» . . . . . . . . . . . . . . . . . 138
9. S.N., «El Guille» . . . . . . . . . . . . . . . . . . . . . . . . . . 139
10. Manuel Vicent, Cabalgar . . . . . . . . . . . . . . . . . . . . 140
11. Editorial, Una juventud distinta . . . . . . . . . . . . . . . . . **142**
12. Miguel Angel Hidalgo, Mi hijo es ingeniero . . . . . . . . . . . 145

Die Texte, die im Inhaltsverzeichnis mit dem Zeichen «*» markiert sind, eignen sich besonders für den Einstieg in die Textarbeit.

# Vorwort

Was kann ein Land von seiner Jugend erwarten, die zwar in der Freiheit der neuen Demokratie erzogen worden ist, von der aber ein Viertel nach dem Abschluß seiner Ausbildung konstatieren muß, daß es zur Arbeitslosigkeit verdammt ist? Sie muß für eine Krise bezahlen, die die vorangehende Generation hervorgerufen aber nicht gelöst hat.

Was kann man von einer Generation erwarten, die Macht und Gewalt als höchste Werte gelten lassen muß? Werte nicht materieller Art sind in fast völlige Vergessenheit geraten.

«Queríamos que fuesen libres». (Wir wollten, daß sie frei wären.) Was ist aber aus ihnen geworden?

Die vorliegende Textsammlung beabsichtigt, durch ihre fünf Kapitel (Generationskonflikte, «Unsere moderne Welt», Jugend und Gewalt, Flucht in Drogen und Pseudoreligionen und konkrete Äußerungen Betroffener) einen Überblick über die Situation und Probleme der Jugend in der modernen spanischen Gesellschaft zu verschaffen. Sie möchte aber auch Schülerinnen und Schüler dazu ermutigen, selbstkritisch zu sein und über unsere «moderne Welt» nachzudenken.

Das «Dossier» richtet sich an Lernende, die bereits über Grundkenntnisse der spanischen Sprache (etwa drei bis vier Halbjahre Spanischunterricht) verfügen.

Ich danke Herrn Jörg Hunger und Herrn Paul Sandner, den Inhabern des Schmetterling Verlages in Stuttgart, für das in mich gesetzte Vertrauen sowie meiner ehemaligen Schülerin Sandra Knollmann und meiner Tochter María del Carmen Lalana Cordeiro für das Durchsehen der deutschen Entsprechungen und die Überprüfung der grammatischen und lexikalischen Übungen.

Möge diese Arbeit die Schülerinnen und die Schüler zu der Ansicht kommen lassen, daß der Mensch trotz der unausweichlichen Prägung durch seine Umwelt ein offenes Wesen ist und bleibt, welches sich auch selbst definieren kann: «Ich bin nicht ein fertiges Produkt. Ich bin das, was ich aus mir machen will.»

Rheine, November 1993

*Fernando Lalana Lac*
Lehrer für Religion, Französisch und Spanisch
am Kardinal-von-Galen-Gymnasium in Mettingen

# I
# CONFLICTO GENERACIONAL

# EL REGRESO

Al regresar de aquel verano pasado en Zarauz, en casa de sus tíos, Clara Alquézar nos dejó a todos boquiabiertos. Su entrada en el aula el primer día de aquel curso inolvidable provocó una oleada de silbidos, carraspeos y codazos. Conste, no sólo a los chicos se nos abrió la boca como si un duende nos tirase de la barbilla con una
5 cuerda. Sus propias amigas la miraron de arriba abajo con envidia mal disimulada. Y don Félix se quitó las gafas, las limpió meticulosamente y volvió a colocárselas sobre la nariz con una media sonrisa cargada de aprobación.

Hubo quien se preguntó con seriedad si realmente era ella, pues había que reconocer que no parecía la misma que se había ido al norte tres meses atrás.
10 Clara había regresado al pueblo justo la noche anterior. Ni un solo día de vacaciones había desperdiciado. Se fue como siempre la habíamos conocido: simpatiquísima, pálida y escurrida. Niña aún. Ahora volvía despampanante, en una transformación como no he vuelto a conocer otra. Más rubia de lo habitual; dorada, que no morena, por el sol del Cantábrico. Había crecido ligeramente a lo alto y exquisita,
15 rotundamente a lo ancho, ayudada sin duda por una dieta más rica en pescado de a lo que en el pueblo estábamos acostumbrados por aquel tiempo. Muchos nos percatamos aquel primer día de curso de que tenía los ojos de un verde suave que provocaba arritmias cardiacas.

La presencia de Clara desató casi instantáneamente un mar de pasiones. Todos,
20 absolutamente todos, nos enamoramos de ella locamente.

Al fondo de la clase, los primos Garcés, Gerardo y Julián suspiraron largamente cambiando una mirada cargada de significado con Santiago Alvira, que sonrió divertido. Eran los tres mayores, los auténticos mayores, los únicos que podían dar la talla de la nueva Clara, los únicos con posibilidades de conseguir un baile con la
25 diosa y, tal vez, de robarle un beso. Para todos los demás, Clara se convertiría en nuestro primer amor platónico, aun antes que Ava o Marilyn.

Con todo, cuando Clara, así como quien no quiere la cosa, del modo más casual imaginable, se sentó a mi lado, me sentí el hombre más feliz de la tierra.

*F. Lalana y L.A. Puente, Hubo una vez otra guerra, Madrid 1990*

## Anotaciones

(1) Zarauz: pueblo de la provincia de Guipúzcoa, situado en la Costa Cantábrica — (2) boquiabierto/a: con la boca abierta [sprachlos] — aula (f.): sala de clase — (3) oleada (f.): una gran cantidad [Welle] — silbido (m.): [Pfiff] — carraspeo (m.): [Hüsteln] — codazo (m.): [Stoß mit dem Ellbogen] — conste: [dies ist festzuhalten] — (4) duende (m.): ser que no se ve — barbilla (f.): [Kinn] — (5) cuerda (f.): [Faden] — envidia (f.): [Neid] — disimular: ocultar [verhehlen] — (7) cargado/a de (f.): lleno/a de — (9) atrás: antes — (11) desperdiciar: desaprovechar, perder — (12) escurrido/a: delgado/a [schmächtig] — despampanate: que causa mucha admiración [etwas, was aus der Fassung bringt] —

(13) dorado/a: del color del oro — (15) rotundamente: [rundlich] — (16) percatarse: darse cuenta, notar — (19) desatar: originar, hacer nacer — (20) enamorarse de: [sich verlieben in] — locamente: apasionadamente — (21) suspirar: [seufzen] — (23) divertido/a: alegre — dar la talla de: estar a la altura de [das Format haben von] — (26) Ava Gardner y Marylin Monroe: famosas artistas de cine — (27) casual: [zufällig]

# Cuestionario de estudio

## Elaboración y comprensión

### A) Preguntas sobre el texto

1. ¿Dónde había pasado Clara las vacaciones?
2. ¿Cómo reaccionaron sus compañeros, sus compañeras y su profesor cuando entró en la sala de clase después de la vacaciones?
3. ¿Qué nos dice el texto de la transformación de Clara?
4. ¿De qué se dieron cuenta en aquel día algunos alumnos?
5. ¿Quiénes eran Santiago Alvira y los primos Garcés?
6. ¿Con quién compara el autor a Clara?
7. ¿Por qué se sintió el «yo de la narración» muy feliz?

### B) Léxico y gramática

I Complete el texto.
en casa de — estaba habituado — transformaciones — mujer — verdes — afecto — había regresado — delgaducha — el último día — qué decir — ocultar — adelantados — se entendían — estaba — porque — eran — la Costa Cantábrica — a su lado — en clase — cuerpo

Clara Alquézar ... de Zarauz, donde había estado hasta ... de sus vacaciones ... sus tíos. Al entrar el primer día de curso ..., dejó a todos sus condiscípulos sin saber ... . Sus amigas no podían ... su envidia. Su profesor no se admiró mucho porque ya ... a constatar estas ... en sus alumnas. Clara antes de ir a ... era una chica amable, descolorida y ... . En Zarauz, había crecido y su ... había tomado las formas de ... . Sus ojos ... despertaban la curiosidad, la atención y el ... de sus compañeros de curso. Los primos Garcés y Santiago Alvira, que ... condiscípulos de Clara y estaban un poco más ... que el resto de la clase, ... sin hablar. El «yo de la narración» ... muy contento ... Clara se había sentado ... .

II Exprese de otra forma las frases siguientes.
1. Clara Alquézar dejó a todos sus compañeros boquiabiertos al regresar de Zarauz.
2. Sus amigas la miran con envidia mal disimulada.
3. No hemos desperdiciado ni un solo día de vacaciones.
4. Los ojos de esta chica provocan arritmias cardiacas.
5. Se fue del pueblo niña aún.

6. Eran los únicos que podían dar la talla de la nueva Clara.
7. Clara había crecido ligeramente a lo alto y exquisita, rotundamente a lo ancho.
8. Clara se sentó, así como quien no quiere la cosa, a mi lado.

III Complete las frases empleando pronombres relativos.
1. Zarauz es la localidad en ... Clara había pasado las vacaciones. Unos tíos suyos ... vivían en este pueblo la habían invitado.
2. Cuando volvió de vacaciones y entró en la sala en ... iban a tener clase, sus compañeras, ... envidia se leía en las miradas ... dirigían a Clara, no la saludaron muy cordialmente.
3. Gerardo y Julián Garcés, ... estaban sentados en las últimas mesas de la clase, sonrieron cuando constataron la envidia con ... las chicas de la clase miraban a Clara.
4. Don Félix, ... era el profesor de la clase, cogió las gafas, ... había puesto encima de la mesa, y se las puso.
5. El chico de ... tu hablas es amigo de mi hermano.
6. No hemos entendido ni una sola palabra de ... nos has dicho.
7. Los tíos de Clara viven en una región a ... van muchos españoles.

## Redacción

Resuma con sus propias palabras en ocho o diez líneas el contenido del texto.

# LOS HIJOS

Las nuevas formas, rebeldías y tragedias han puesto una vez más de moda a los hijos, esa cosa que tenemos en casa que nos lleva la contraria, opina distinto, viste como adefesio y vive de nuestro dinero. Igual que hace 30 o 40 años, sólo que algo menos convencional.

5 El problema de tener hijos es que se empeñan en crecer. Y, al crecer, pretenden conseguir su independencia personal antes de que les llegue la económica. La vieja frase de que «mientras estés en mi casa, harás lo que yo diga» no sirve ya: los chicos campan por sus respetos y, como van al gimnasio y comen mejor, son más fuertes que el padre y las órdenes a tortas han dejado de surtir el efecto deseado. Bastante habrá
10 con cruzar los dedos y esperar que la educación o las ganas de leer que les hayamos inculcado desde la cuna sirvan para que no hagan lo que nosotros creemos que no deben hacer.

No es culpa suya que sean capaces de pensar antes que de ganarse la vida. Es culpa del sistema y es injusto que les castiguemos por ello.

15 Menudos sustos nos llevamos los padres con las salidas nocturnas y las malas compañías. Tantos, que siempre olvidamos los que se llevan ellos. Convendría recordar que las víctimas no solemos ser los padres, sino los hijos: son ellos los violados, no nosotros, y, en los peores momentos, son ellos los muertos. ¿Cómo echarles además la culpa?

20 Yo, en todo caso, prefiero a un hijo que lleve el pelo verde y calce botazas negras (a él tampoco le gustan mis mocasines) a uno que salga absuelto por los pelos del asesinato ultraderechista de un diputado. O a sus compañeros, cuya audiencia es tal que, cada vez que quieren propalar uno de sus ridículos mensajes (lo de «ridículo» no es mío, sino del Príncipe), nos ponen perdidas las paredes de la capital. Como
25 algunos periodistas, sólo son alguien en la medida en que insultan al prójimo.

*Fernando Schwartz, EL PAIS, 3-3-1993*

## Anotaciones

(2) esa cosa que: algo que — llevar la contraria: contradecir [widersprechen] — distinto; aquí: de distinta manera — vestir como adefesio: [sich wie eine Spottfigur kleiden] — (5) empeñarse en: [darauf bestehen zu] — (8) campan por sus respetos: defienden sus derechos — gimnasio (m.): [Turnhalle] — (9) órdenes (f.) a tortas: (torta (f.); aquí: bofetada) [Befehle mit Gewaltanwendung] — surtir efecto: tener efecto — bastante habrá con cruzar los dedos: [wir müssen untätig zuschauen] — (10) inculcar [beibringen] — (11) desde la cuna: desde que eran muy pequeños — (14) castigar: [bestrafen] — (15) menudos sustos nos llevamos los padres: menudos sustos nos dan [sie erschrecken uns Eltern ganz schön] — (18) violado/a: [vergewaltigt] — (19) echar la culpa: hacer responsable, culpar — (20) calzar botazas: llevar botas muy grandes — (21) salir

11

absuelto por pelos: [gerade noch freigesprochen werden] — (22) audiencia (f.); aquí: auditorio [Einschaltquote] — (23) propalar: hacer público — (24) poner perdido/a: [beschmutzen] — (25) insultar: ofender [beleidigen]

# Cuestionario de estudio

## Elaboración y comprensión

### A) Preguntas sobre el texto

1. ¿Qué es lo que ha puesto de moda el tema «hijos»?
2. ¿Qué dice el autor al principio del texto de la relación padres-hijos?
3. ¿Es este comportamiento algo nuevo?
4. ¿Por qué no pueden imponer los padres su autoridad?
5. ¿Por qué no se puede culpar a los hijos de sus afanes de independencia y autonomía?
6. ¿De qué se asustan los padres?
7. ¿Qué tipo de hijos no le gustaría tener al autor?
8. ¿De qué acusa el autor a los periodistas en la última frase del texto?

### B) Léxico y gramática

I Escriba y traduzca los substantivos que corresponden a los siguientes verbos.

| | | | |
|---|---|---|---|
| absolver | castigar | comer | conseguir |
| contradecir | convenir | crecer | cruzar |
| defender | desear | educar | empeñarse |
| esperar | ganar | insultar | llegar |
| ofender | olvidar | opinar | ordenar |
| preferir | pretender | recordar | salir |
| vestir | violar | vivir | exigir |

II Complete las frases.
1. Muchísimos jóvenes ... hoy, como numerosos hijos de ... treinta años, viven del dinero que ... sus padres.
2. La ... de vestir de esta chica no ... a su madre. Ella preferiría que vistiese ... y no tener que verla ... los mismos vaqueros ... los días laborables como los festivos.
3. Muchos padres de hoy ya no ... imponer sus decisiones a sus hijos. En ... sus hijos no ... sus opiniones.
4. Algunos jóvenes de hoy son ... altos y más ... que sus padres porque ... muy bien alimentados y han hecho mucho más ... que sus progenitores.
5. Las abundantes y largas ... nocturnas de esta chica preocupan ... sus padres. Hay sábados que no ... antes de las siete de la mañana y nunca dice ... ha estado.
6. Algunos ... que la única forma de poderse ... es provocar y ofender a ... .

7. ... el tiempo de formación se ha prolongado enormemente, muchos jóvenes ... demasiado en obtener su ... económica.
8. Juanita es una chica bastante ... que no siempre ... acuerdo con su madre. A veces se pasan horas enteras ... .

III Ponga en pasiva las siguientes frases.
1. Los padres ya no castigan tan duramente a sus hijos como en otros tiempos. — 2. El Presidente de la Nación ha recibido a los deportistas del año. — 3. La policía detiene al malhechor. — 4. A este joven lo han detenido por haber tomado parte en un atentado. — 5. Los romanos no ocuparon partes del actual País Vasco. — 6. Un genovés descubriría América en 1492. — 7. El Presidente del Gobierno presentará a los ministros la semana próxima. — 8. Juan Ramón Giménez escribió «Platero y yo». — 9. Los vecinos denunciaron al delincuente. — 10. Los camareros más jóvenes van a servir la comida. — 11. El tribunal había condenado al acusado a ocho años de cárcel. — 12. Un abogado muy conocido defendió al detenido. — 13. Los Reyes Católicos expulsaron a los judíos en el mismo año en el que Colón descubrió América. — 14. El Rey recibirá al Presidente de la Diputación. — 15. El club había organizado una excursión. — 16. Goya no pintó este cuadro. — 17. El director había amonestado a dos alumnos. — 18. La mayoría de los miembros de la dirección habían tomado la decisión.

## Análisis y comentario

Exponga y comente en diez o doce líneas lo que Fernando Schwartz quiere hacer ver a los lectores.

# ARTURO Y ELENA

*Carmen Rico Godoy*

*1ª parte*

Arturo tiene veinticinco años y su hermana Elena veintidós. Viven con sus padres en una ciudad española. Tienen una hermana, María, de quince años, con la que Elena comparte la habitación.

Arturo y Elena son totalmente independientes. Tienen llave de la casa y entran y
5 salen a su antojo. Su padre, Fernando, hace tiempo que decidió no poner horas estrictas ni para comer ni para cenar, primero por razones de salud («no quiero llevarme disgustos por los horarios, no quiero tener un infarto») y porque su esposa Carmen, que también trabaja, no está dispuesta a organizar dos comidas diarias de mantel y dos platos. Se come fuera y se cena frugalmente frente al televisor.
10 Arturo empezó derecho, luego se fue a la mili y a la vuelta se matriculó en politécnicas, y ahora está terminando económicas, pero lo que le hubiera gustado hacer es ciencias empresariales o música. Elena empezó biológicas, pero ahora quiere pasarse a sociología o farmacia.

Elena tiene dos novios. Ernesto, que fue al colegio con ella y es hijo de unos amigos
15 íntimos de sus padres, prácticamente se criaron juntos. Ernesto trabaja en el banco de su padre. Hizo hasta COU, pero es ambicioso y muy deportista. El otro chico es José Ramón, un estudiante de ingeniero de telecomunicaciones. Cuando ve a Elena salir con uno y al día siguiente con otro, su madre no puede reprimirse: «¿Cómo puedes salir con dos chicos a la vez? No lo entiendo». Elena es tajante: «Pero Mam, no seas
20 antigua, a ellos no les importa y ¿qué quieres, que me ennovie a mi edad? Hay que conocer mundo antes de tomar decisiones.

Arturo y Elena tienen muchos amigos y primos, que van mucho por casa. «No sé qué tendrá esta casa que les gusta tanto», suele comentar Fernando con su mujer cuando escucha los sonidos de Ted Nugent a todo trapo desde el portal. Arturo, que
25 es más tímido que Elena, no pone el tocadiscos alto, sino que prefiere los auriculares. Los amigos de Elena se arremolinan en su cuarto y sólo salen para abastecerse en la cocina de coca-colas y de bocatas.

A veces, Arturo – y Elena menos, pero también – llega tarde a casa por la noche y da con los nudillos en la puerta del dormitorio paterno: «¡Mam, que estoy aquí!». «¿Y
30 para qué me despiertas, sádico?», contesta Carmen enfadada. «Bueno, es que he venido con Ernesto (o con Katia), así que ya sabes, no nos molestéis.» A veces Ernesto, el novio fijo de Elena, se queda a desayunar, o la chica de Arturo, una tal Juanita, muy tímida, que se empeña en ordenar todo por la mañana y lavar los platos del desayuno.

# Anotaciones

(3) compartir la habitación: tener la misma habitación — (5) a su antojo: cuando quieren — estricto/a: fijo/a [fest] — (6) llevarse disgustos: [sich ärgern] — (8) estar dispuesto/a a: querer [bereit sein] — mantel (m.): [Tischdecke] — (9) frugalmente: con frugalidad [mäßig] — (10) mili (f.): servicio militar — (13) pasarse a; aquí: comenzar a estudiar otra

cosa — (14) novio: [(fester) Freund] — (15) criarse; aquí: crecer [aufwachsen] — (16) COU: Curso de Iniciación Universitaria [Abitur] — ambicioso/a: [ehrgeizig] — (18) reprimirse: contenerse [sich bezwingen] — (19) a la vez: al mismo tiempo —tajante: contundente, categórico/a [entschieden] — (20) antiguo/a: pasado/a de moda [altmodisch] — ennoviarse: decidirse definitivamente por un chico / una chica — (24) sonidos (m.p.); aquí: música — a todo trapo: muy alta [volle Pulle] — (25) tímido/a: [schüchtern] — auriculares (m.p.): [Kopfhörer] — (26) arremolinarse: amontonarse [sich häufen] — abastecerse de: [sich versorgen mit] — (27) bocata (m.): bocadillo, panecillo con algo dentro — (29) nudillos (m.p.) (de los dedos): [Fingerknöchel] — (30) enfadado/a: disgustado/a — (31) molestar: [stören] — (33) empeñarse; aquí: [darauf bestehen] — ordenar: poner en orden

# Cuestionario de estudio

## Elaboración y comprensión

### A) Cuesiones sobre el texto

1. ¿Dónde viven Arturo y Elena?
2. ¿Quién es María?
3. ¿A qué hora tienen que volver Arturo y Elena a su casa?
4. ¿Por qué no existen horas fijas para comer y para cenar en casa de Arturo y Elena?
5. ¿Qué dice el texto de los estudios de Arturo y Elena?
6. ¿Quiénes son Ernesto y José Ramón?
7. ¿Qué es lo que no comprende la madre de Elena?
8. ¿Está de acuerdo Elena con su madre?
9. Resuma lo que el autor nos dice de Juanita.
10. ¿Por qué se enfada la madre de Elena y Arturo cuando éstos vuelven por la noche a casa?

### B) Léxico y gramática

I Escriba los contrarios que corresponden a la siguientes palabras y expresiones.

| | | |
|---|---|---|
| ser ambicioso/a | ser antiguo/a | conocer |
| enfadarse | entrar | estar de moda |
| frugalmente | gustar | ser independiente |
| ordenar | rechazar | terminar |
| ser tímido/a | ser verdadero/a | principal |

II Formule preguntas a las que pueden corresponder las siguientes respuestas.
1. Arturo vive <u>con sus padres</u>.
2. Arturo tiene una hermana <u>de quince años</u>.
3. La familia de Elena <u>ve la televisión</u> cuando cenan.
4. <u>A Elena</u> le hubiera gustado hacer medicina.

5. Ernesto trabajaba en el banco que dirige su padre.
6. Unicamente salen de su cuarto para ir a buscar coca-colas.
7. Por la mañana, Juanita lava los platos del desayuno.
8. Este muchacho terminó derecho y luego se fue a la mili.
9. Arturo golpea con los nudillos en la puerta del dormitorio de sus padres.
10. Ernesto y Elena se conocieron en la escuela.

III Expresión de la condición
Transforme las frases.
Modelo:   Compre este libro para pasar horas inolvidables.
          Si compra este libro, pasará horas inolvidables.

1. Tome un taxi para llegar a tiempo. — 2. Ponte los auriculares para no molestarnos. — 3. Venga esta tarde para poder ver a mi hermano. — 4. Salgamos puntualmente para no perdernos el comienzo de la función. — 5. Queremos comer fuera para que tu madre no tenga tanto trabajo. — 6. Reflexiona un poco más para no decir tantos disparates. — 7. Pensémoslo bien para no tener que arrepentirnos. — 8. Leed este libro para informaros adecuadamente sobre este tema. — 9. Acuéstate temprano para poder levantarte mañana a las cinco. — 10. Nos levantaremos a las seis para poder salir a las siete. — 11. Ayuda a tus amigos para que ellos te ayuden. — 12. Vuelvan mañana antes de las siete para encontrarlo en casa. — 13. Venga a verme para que podamos hablar detenidamente sobre este asunto. — 14. Haga deporte para conservarse joven. — 15. Descanse un poco para después poder trabajar mejor.

## 2ª parte

A menudo los padres discuten sobre este tema, cuando ni Arturo ni Elena les oyen, claro. «Puede ser todo lo liberal y normal que tú quieras pero a mí me parece una guarrería permitir que los chicos traigan aquí sus planes», dice Carmen. «De todas maneras lo harían, pero ¿dónde y con quién?, suspira Fernando. «Te juro que estoy
5 deseando – dice la madre – que se casen o independicen o se vayan de casa». «Pues tendrás que esperar mucho, porque si tienen libertad, sus necesidades cubiertas y el calor de un hogar, no sé por qué se van a ir. Fíjate en mi sobrino Javier, que con lo de la informática se ha colocado estupendamente y sigue viviendo en casa de sus padres». «Eso es lo que deberían hacer nuestros hijos, informática o fontaneros o electricistas,
10 y no estudiar carreras, que no sirven luego para nada».

Arturo y Elena hablan con sus amigos del futuro. Algunos piensan que cuando acaben los estudios harán oposiciones a la administración. Es lo más seguro, te pasas estudiando como bestia unos años, pero luego no tienes que preocuparte nunca jamás. Eso es terrible, opina Elena, eso de enterrarte para toda la vida en la vulgaridad, en
15 la limitación de tus propias posibilidades. ¿Y qué otra cosa se puede hacer? Después de la universidad es casi imposible encontrar trabajo, porque los pocos que hay exigen experiencia. Es un círculo infernal. «A mí – dice Arturo – no me importaría trabajar de lo que fuera, aunque no tenga que ver con los estudios». «¿Entonces, para qué estudias?» «Pues yo qué sé, para hacer algo, porque a los viejos les hace ilusión. De
20 todas maneras, no importa mucho, porque al final estallará la guerra nuclear y se acabará todo.» Es la reflexión que él hace siempre al final de la discusión. El Gobierno

tiene la culpa de todo, aunque a ninguno le interesa mucho la política. Es un come-cocos para adultos. Cuando empieza el telediario se van todos a la cocina a prepararse un bocata. Elena sólo ha ido a una manifestación pacifista anti-OTAN. A
25 Arturo le llevaron sus padres a un mitin político en 1975 y sólo recuerda que pasó hambre. ¿Votar? No saben bien, pero lo más probable es que no voten en las próximas elecciones. El padre de Elena lo llevó a votar en 1982 a la fuerza, que votara lo que quisiera, pero que votara. Decía que a ellos, los padres, les había costado mucho conseguir la democracia, como si la democracia fuera una aspiradora o un friegapla-
30 tos.
    Elena y Arturo tienen un primo, Jordi, que vive en Barcelona y que les cuenta que le tienen podrido porque le obliga a hablar catalán en casa, pero que él con sus amigos habla castellano sólo para jorobar a los adultos. Los padres, a veces, se ponen como muy pesados contando sus guerras, que si la democracia, que si el mayo del 68; hay
35 que dejarles y no llevarles la contraria.
    María, la hermana pequeña, se ríe de Arturo y Elena porque éstos fuman un porro de cuando en cuando, son de lo más antiguo. Los padres pactan con cualquier cosa que no sea droga dura. Libertad, permisividad, dependencia económica. Lo más importante es alejar el espectro pavoroso de la droga dura.

# Anotaciones

(1) a menudo: frecuentemente, muchas veces — (3) guarrería (f.): [Schweinerei] — plan (m.); aquí: [Liebesbekanntschaft] — (4) suspirar: [seufzen] — jurar [schwören] — (5) independizarse: hacerse independiente — (6) necesidades (f.p.): [Bedürfnisse] — (7) hogar (m.); aquí: casa paterna — fijarse en: mirar a — (8) colocarse: encontrar trabajo — estupendamente: muy bien — (9) fontanero (m.): persona que instala y repara las conducciones de agua — (12) hacer oposiciones: [sich um ein öffentliches Amt bewerben] — (13) bestia (f.): animal — (14) enterrarse: [sich lebendig begraben] — (17) círculo (m.) infernal: [Teufelskreis] — (20) estallar: [ausbrechen] — (22) tener la culpa: ser culpable — (23) come-cocos (m.p.): algo alienante [etwas Verrücktes] — (25) mitin (m.): reunión en la que se discute de política — pasar hambre: [hungern] — (29) aspiradora (f.): [Staubsauger] — friegaplatos (m.s.): [Geschirrspülmaschine] — (32) le tienen podrido: [er kann nicht mehr] — (33) jorobar: irritar, poner de mal humor — ponerse pesado: [lästig werden] — (35) llevar la contraria: contradecir — (36) porro (m.): [Marihuanazigarette] — (37) pactar: estar de acuerdo, estar conforme — (38) permisividad (f.): [Bewilligung] — (39) espectro pavoroso: [erschreckendes Spektrum]

# Cuestionario de estudio

## Elaboración y comprensión

### A) Preguntas sobre el texto

1. ¿Cómo juzga la madre de Arturo y Elena el que sus hijos lleven a sus «planes» a casa?
2. ¿Por qué no comparte el señor de la casa la opinión de su esposa?
3. Fernando cree que sus hijos van a tardar bastante en abandonarles. ¿Cuáles son los motivos que le llevan a pensar de esta manera?
4. ¿Qué dice Fernando de su sobrino Javier?
5. ¿Por qué quieren algunos de los amigos de Arturo y Elena colocarse en la administración?
6. ¿Piensa Elena del mismo modo que algunos de sus amigos?
7. ¿Por qué piensa Arturo que no tiene mucho sentido continuar estudiando?
8. ¿Se interesan mucho Arturo, Elena y sus amigos por la política?
9. ¿Quién es Jordi?
10. ¿Por qué no habla Jordi catalán con sus amigos?
11. ¿Por qué se ríe María de sus hermanos?
12. ¿De qué tienen los padres de Arturo y Elena mucho miedo?

### B) Léxico y gramática

I Anótese y traduzca los substantivos que corresponden a los siguientes verbos.

| | | | |
|---|---|---|---|
| abastecer | ambicionar | cenar | comentar |
| comer | compartir | comprender | conocer |
| contenerse | contestar | crecer | hacer |
| decidir | desayunar | disponer | empeñarse |
| entender | entrar | estudiar | gustar |
| importar | independizarse | lavar | llegar |
| matricularse | molestar | ordenar | llamar |
| organizar | pasar | poner | preferir |
| salir | terminar | trabajar | venir |
| ver | vivir | obtener | servir |

II Pronombres relativos

Complete las frases empleando pronombres relativos.

1. Arturo tiene dos hermanas ... tienen veintidós y quince años y ... nombres son Elena y María.
2. Las chicas con ... hablaste ayer viven en el bloque en ... vivimos nosotros.
3. Los libros ... he comprado son más caros de ... tú piensas.
4. José Ramón, un chico ... estudia telecomunicaciones, es uno de los dos amigos con ... sale Elena.

5. Las coca-colas y los bocatas de ... se abastecen los amigos de Arturo están en la habitación en ..., algunas veces, su madre prepara la comida.
6. Las casas en ... viven Ernesto y José Ramón están en una calle por ... pasamos ayer.
7. Hemingway, ... obras son conocidas en todo el mundo, pasaba muchas temporadas en España.
8. Los chicos con ... ha venido Arturo a su casa son hijos de unos señores ... viven en Barcelona.
9. El padre de Elena, ... apellido no conocemos, es un señor ... no se pone casi nunca nervioso.
10. El chico ... hemos saludado está en la mili.

III Formule de otra manera las expresiones siguientes.
1. María comparte la habitación con Elena.
2. Elena es totalmente independiente.
3. Arturo entra y sale a su antojo.
4. La madre de Elena y Arturo no está dispuesta a organizar dos comidas diarias de mantel y dos platos.
5. Este chico, a la vuelta de la mili, se matriculó en medicina.
6. Elena hace farmacia y quiere pasarse a medicina.
7. Elena y Ernesto se criaron juntos.
8. Elena no quiere ennoviarse a su edad.
9. Escuchaban la música a todo trapo.
10. Los amigos de Elena se arremolinan en su cuarto en las noches de los sábados.
11. Sólo salen de su cuarto para abastecerse de bebida y de comida.
12. Arturo da con los nudillos en la puerta del dormitorio paterno a la vuelta de sus paseos nocturnos.
13. Hay que conocer mundo antes de tomar decisiones.
14. La novia de Arturo, una tal Juanita, es una chica muy tímida.

## Análisis y comentario

1. Resuma lo que el texto dice sobre Elena, Arturo y su madre.
2. ¿Qué piensan algunos de los jóvenes de los que habla el texto de los estudios?
3. ¿Qué nos dice el texto de Jordi?
4. ¿Está usted de acuerdo con la manera de pensar de los padres de Arturo Elena y María?
Fundamente su respuesta.
5. Resuma en tres o cuatro frases lo que el autor de este texto quiere hacer ver a los lectores.

# ADOLESCENCIA Y DEPRESIÓN

La adolescencia es un momento crucial y especialmente vulnerable del desarrollo de la personalidad. Es una etapa de tránsito en la que los jóvenes sufren la gran desproporción que existe entre las inmensas expectativas del futuro y la exigua realidad del presente, entre sus potencialidades teóricas y sus habilidades prácticas.

«La depresión surge por una pérdida. Puede ser la pérdida de algo querido, o la pérdida de la propia estima. En el adulto se expresa en forma de tristeza, pero en el adolescente puede adoptar otras manifestaciones, desde la pasividad y la abulia a un comportamiento violento», explica el conocido psiquiatra Ferran Angulo.

La rebeldía propia de la adolescencia puede desbordarse en alteraciones de conducta más graves cuando media una depresión. «El adolescente quiere ser independiente de los padres, pero teme perder la seguridad que tenía siendo niño. Quiere la libertad, pero se da cuenta de lo muy dependiente que todavía es y a veces reacciona violentamente», explica Ferran Angulo. Muchas veces, para afirmarse necesita hacer grandes manifestaciones de independencia. Una chica se estuvo una noche hasta que amaneció en el portal, aterida de frío y muerta de miedo, sólo para demostrar a sus padres que ella era autónoma y hacía lo que le venía en gana.

Más inadvertida pasa a veces la depresión que se manifiesta en forma de abulia o apatía, pero las consecuencias pueden ser graves. El estudio de Reus demostró que el 20% de los chicos y el 17,5% de las chicas habían tenido ideas de suicidio, aunque únicamente un 1% de ellos y un 0,4% de ellas había deseado realmente matarse. El adolescente con depresión abúlica tiene problemas de relación con los demás y es incapaz de divertirse. Su autoestima está por los suelos, la falta de interés por las cosas se traduce en un enclaustramiento, a veces triste, otras malhumorado. Y si se trata de una chica, los complejos pueden llevarla a la autodestrucción.

En uno y otro caso, la consecuencia más directa es el fracaso escolar, que puede agravar todavía más la depresión del adolescente si su familia o el entorno le han provocado una mitificación de los estudios. A veces, esa mitificación puede ser la causa directa de una depresión. Es el caso de los jóvenes que perciben que sus padres han puesto en sus estudios grandes expectativas y el temor a no satisfacerlas les provoca un bloqueo que les impide rendir lo que se espera de ellos. La imposibilidad de salir de ese círculo vicioso les lleva a la depresión y a veces al suicidio.

Sea cual sea su forma de manifestarse, la depresión juvenil puede agravarse, según la psicóloga Margarita Ibáñez, cuando la familia reacciona también de forma depresiva frente al crecimiento de sus hijos. Cuando los padres viven la adolescencia de su hijo como una pérdida del niño que querían seguir teniendo para conjurar la inexorable precipitación del tiempo.

*Milagros López Oliva, EL PAIS, 23-1-1992*

# Anotaciones

(1) crucial: de muchísima importancia — vulnerable: [verwundbar] — (3) expectativa (f.): esperanza — exiguo/a: pequeño/a, mínimo/a — (4) potencialidad (f.): posibilidad — habilidad (f.): capacidad — (5) surgir por: tiene su origen en — (6) propia estima: [Selbstwertgefühl] — (7) adoptar: [einnehmen] — manifestación (f.): [Äußerung] — abulia (f.): [Willenslosigkeit] — (9) rebeldía (f.): rebelión, actitud de protesta — desbordarse: degenerar — (10) mediar: hay de por medio [dazwischenliegen] — (11) temer: tener miedo de — (13) afirmarse: [sich selbst behaupten] — (15) amanecer: comenzar el día — portal (m.): entrada de una casa — aterido/a: [starr] — (17) inadvertido/a: desapercibido [unbeachtet] — (20) suicidio (m.): substantivo de <u>suicidarse</u>: quitarse la vida — (22) estar por los suelos: ser muy baja [zu nichts mehr zu gebrauchen sein] — (23) enclaustramiento (m.): [Abkapselung] — malhumorado/a: [schlechtgelaunt] — (25) fracaso (m.): [Mißerfolg] — (26) agravar: empeorar — entorno (m.): personas que le rodean — (27) mitificación (f.): [Verherrlichung] — (28) percibir: darse cuenta de — (30) bloqueo (m.): [Blockierung] — rendir: [leisten] — (31) círculo vicioso: círculo del que no se puede salir [Teufelskreis] — (35) conjurar: [bannen] — inexorable: que no se puede detener — (36) precipitación; aquí: paso rápido

# Cuestionario de estudio

## Elaboración y comprensión

### A) Preguntas sobre el texto

1. ¿Qué contradicción tienen que superar los jóvenes en la fase de su adolescencia?
2. ¿Qué es lo que, según Ferran Angulo, origina las depresiones?
3. ¿Cómo se exteriorizan normalmente las depresiones en los adultos?
4. ¿Qué consecuencias pueden tener las depresiones en el comportamiento de los jóvenes?
5. ¿Qué hizo una joven para hacer ver a sus padres que era independiente?
6. ¿Por qué fracasan muchos jóvenes en sus estudios?
7. ¿Qué actitud de los padres puede agravar la depresión juvenil?

### B) Léxico y gramática

I Escriba el significado de los siguientes adjetivos y los substantivos que les corresponden.

| | | |
|---|---|---|
| activo/a | autónomo/a | capaz |
| dependiente | desinteresado/a | eficaz |
| enérgico/a | escolar | grave |
| idóneo/a | imposible | inactivo/a |
| inadvertido/a | incapaz | independiente |
| indiferente | inepto/a | inexorable |
| inmenso/a | joven | malhumorado/a |
| motivado/a | pasivo/a | teórico |
| triste | violento/a | vulnerable |

II Dictado preparado

**Estruendo**

Aquello de «vamos a una cafetería para charlar un rato» ya no se lleva. Lo que se lleva es «vamos a una cafetería para gritar un rato». En cafeterías, en bares, incluso en restaurantes, en discotecas principalmente, en la mayor parte de los lugares públicos y en no pocos privados, las conversaciones han de ser a gritos o no hay quien se entienda. A gritos tampoco se entiende casi nadie, desde luego, pero como en todas partes hay un estruendo infernal de televisiones, radio, tocadiscos, conectados a potentísimos amplificadores de sonido que taladran oídos e incrustan voces y melodías en el cerebro, la única alternativa de la gente que quiere decir algo es gritar.

A veces el estruendo está en el propio domicilio familiar. A los muchachos les gusta recrear en sus casas el ambiente de los establecimientos que frecuentan, y, como el ambiente consiste en que haya ruido – cuanto más insoportable, mejor ambiente –, abren al máximo volumen radio, tocadiscos y restantes loros domésticos, allá penas si ponen la cabeza loca a toda la familia. Los padres a veces se preguntan si sus hijos padecen sordera o se han vuelto majaretas, y de todo puede haber. Oídos que habitualmente taladran megafonías es natural que acaben sordos, y cerebros incrustados de batahola musicales pueden convertir a individuos normalmente dotados en merluzos.

El estruendo ambiental es nocivo para la salud y también una salvaje agresión contra los derechos del individuo. Todo lo que le atruenan por megafonía – así sea música, política, comercio – supone atentar contra su libertad de expresión, alterar su equilibrio emocional, ofender su inteligencia.

*Joaquín Vidal, EL PAIS, 24-7-1990*

III ¿Ser o estar?
1. Alberto ... médico y ... especializándose en cardiología. — 2. La adolescencia ... una época de tránsito. — 3. La casa de Alberto ... al fondo de la calle. — 4. Luis Mariano ... un poco deprimido. — 5. El año pasado [yo] ... de vacaciones en Asturias. — 6. Las ventanas todavía ... abiertas. — 7. Mi coche ... nuevo, pero ahora ... averiado. — 8. Mi habitación ... en el segundo piso. — 9. Le gusta ... muy puntual. — 10. ... una pena que no usted pueda ... más tiempo con nosotros. — 11. No ... muy tarde, los comercios todavía ... abiertos. — 12. Los jóvenes ... como ... . — 13. Muchos jóvenes españoles creen que, en el futuro, la sociedad todavía ... más injusta de lo que hoy ... . — 14. El mundo de los padres y el de los hijos no ... comparables. — 15. A tu madre no le pasan los años, todavía ... muy joven.

## Análisis y comentario

1. ¿Resuma y estructure el contenido del texto.
2. ¿Qué factores originan y contribuyen a agravar la depresión de los jóvenes?
3. ¿Qué entiende la autora por «mitificación de los estudios»?
4. Exponga, partiendo de un ejemplo concreto, en qué medida la actitud de los padres puede ser perjudicial para los hijos.
5. Analice y comente el lenguaje empleado por Milagros López Oliva.

# HIJOS ENCANTADORES

Habían soñado siempre con ese día en que volverían a estar solos, los hijos ya crecidos y haciendo su camino. El problema era que los chicos no se iban de casa.

Para buscarle salida al asunto, la madre decidió rebajar la calidad de sus prestaciones culinarias. La niña, adicta a las hamburgueserías no pareció notar el cambio, y el chico, refinado gastrónomo, creyó entender que la madre atravesaba una crisis, y cuando peor guisaba más cariñoso estaba con ella. En esa época él, en cambio, se evadió: frecuentaba los billares y llegó a ganar el campeonato del barrio. Después el chico acabó la carrera y luego la acabó también la chica y los dos se pusieron a hacer cursillos con una afición por los estudios que nunca jamás habían demostrado hasta ese momento.

—¿No crees que deberían buscar trabajo?— preguntaba él.
—Como hay tanto paro...
—Ya lo sé que hay paro. Pero es que éstos no buscan ...
—Será para no desanimarse. Ya sabes que el chico es muy sensible.

Un día el chico encontró trabajo. Y un mes después llegó a casa muy contento y anunció que tras la cena comunicaría una gran noticia. Lo hizo:

—He decidido dedicar mi primer sueldo a comprar un tresillo nuevo para la salita. Los padres se miraron horrorizados. Para buscarle una salida al asunto, el padre decidió simular su ingreso en el Opus. Impuso el rezo del rosario en familia y obligó a todo el mundo a estar en casa antes de las diez. La niña, que había sufrido recientemente un desengaño amoroso, aceptó el consuelo de la religión. El chico se había prendado de una presentadora de televisión y tampoco puso inconveniente al nuevo horario. Era exasperante. (...)

Los padres celebraron consejo de guerra.

—Esto es intolerable— dijo él. —Lo es— dijo ella. Creo que me fugaría con el primer hombre que me llevase a una casa para los dos solos.

—Pero tú aún me quieres, ¿no? —Te quiero.
—Podríamos escribir al Defensor del Pueblo.
—No sé si lo entendería. Es un poco beato, ¿no? A fin de cuentas tenemos unos hijos encantadores. Supongo que muchos nos envidian.
—Pero yo quiero estar sola contigo— dijo ella.

De modo que un día organizaron una gran excursión a ver a unos primos de Villamarga del Cacique Calvo y dijeron a los chicos que fuesen delante.

—Rápido, tenemos apenas dos horas antes de que se alarmen y envíen a la policía— dijo ella.

Empaquetaron cuatro cosas, dejaron una nota que decía: «Tratad de comprendernos. Queremos estar solos», y abandonaron el domicilio familiar. El chico y la niña han prosperado y gastan una enormidad en detectives particulares y anuncios en los periódicos que dicen: «Padres, volved a casa. Sin preguntas. Sin reproches». El hace versos en Australia y ella termina este año su licenciatura en cangurología.

*Josep Vicent Marqués, ESTILO, 6-2-1987*

# Anotaciones

(3) salida (f.): solución — rebajar: disminuir, empeorar — sus prestaciones culinarias: la comida que les hacía — (4) adicto/a: muy habituado/a — (5) refinado/a: [raffiniert] — atravesar: tener, pasar — (6) guisar: cocinar, hacer la comida — evadirse: [ausweichen] — (9) cursillo (m.): [Lehrgang] — afición (f.): aplicación, entusiasmo — (12) paro (m.): paro obrero, desempleo [Arbeitslosigkeit] — (16) tras: después de — (17) tresillo (m.): conjunto de muebles que se compone de un sofá y dos sillones [Sofagarnitur] — salita (f.): sala pequeña donde se toma café, se ve la televisión ... — (19) simular: fingir — Opus (m.): Opus Dei: orden religiosa — rezo (m.) del rosario: [Rosenkranzgebet] — (21) desengaño (m.): decepción — consuelo (m.): [Trost] — prendarse de: enamorarse de [sich verlieben in] — (23) exasperante: desesperante — (24) consejo (m.) de guerra: [Dringlichkeitssitzung] — (25) fugarse: irse — (28) Defensor (m.) del Pueblo: abogado que defiende los derechos de todos los españoles — (29) beato/a: [fromm, naiv] — (30) envidiar: [beneiden] — (36) empaquetar: hacer paquetes — (38) prosperar: tener éxito, triunfar en la vida

# Cuestionario de estudio

## Elaboración y comprensión

### A) Preguntas sobre el texto

1. ¿Cuántos hijos tiene el matrimonio?
2. ¿Qué anhelaban los padres?
3. ¿Por qué no se hacía realidad su sueño?
4. ¿Qué decidió la madre para obtener lo que quería?
5. ¿Cómo reaccionaron los hijos?
6. ¿Comenzaron los hijos a trabajar cuando acabaron los estudios en la universidad?
7. ¿Por qué pensaba la madre que era mejor no buscarles trabajo a los hijos?
8. ¿Qué pensaba hacer el chico con el primer dinero que ganó?
9. ¿Les gustó mucho a los padres la idea de su hijo?
10. ¿Cómo quiso el padre solucionar el problema?
11. ¿Obtuvo el padre lo que se había propuesto?
12. ¿Qué hicieron los padres para resolver definitivamente el problema que tenían?
13. ¿Qué profesiones tienen ahora los hijos?
14. ¿Han olvidado a sus padres?

### B) Léxico y gramática

I Exprese de otra forma las siguientes expresiones.
1. Buscaba salida al asunto.
2. La madre rebajó la calidad de sus prestaciones culinarias.
3. La hija era adicta a las hamburguerías.

4. El hijo era un refinado gastrónomo.
5. El padre simuló su ingreso en el Opus e impuso el rezo del rosario.
6. Los padres celebraron congreso de guerra.
7. El chico y la chica han progresado.
8. Gastan una enormidad de dinero.

II Ponga las frases en el presente.
1. La hija, que frecuentaba regularmente las hamburgueserías, no se dio cuenta de que su madre ya no cocinaba como en otros tiempos.
2. Los dos hermanos comenzaron a hacer cursillos y mostraban una motivación por los estudios que extrañaba mucho a los padres. La aplicación y la constancia no habían sido nunca el fuerte de sus hijos.
3. Para hacerlos salir de casa el padre simuló que se había hecho miembro del Opus Dei, impuso el rezo obligatorio del rosario para toda la familia a las diez y media de la noche y prohibió todo tipo de salidas nocturnas.
4. Los padres tomaron la decisión de abandonar su casa. Escribieron y dejaron una carta a sus hijos en la que les comunicaban que habían ido a ver a unos familiares que vivían muy lejos y que se buscarían una casa para quedarse allí. Los hijos no pudieron encontrarlos porque no conocían a esos familiares.

III Traducción
Traduzca el fragmento que va de la línea 18 (Los padres ...) a la línea 23.

## Análisis y comentario

1. ¿En cuántas partes se puede dividir el texto que analizamos?
2. Determine la extensión de las partes.
3. Resuma en dos o tres frases el contenido de cada parte evitando, lo más que le sea posible, el empleo literal de las locuciones que se emplean en el texto.

# TENGO DERECHO A PASARLO BIEN

A María Paz le fastidiaba que Patricia, con sus diecinueve años recién cumplidos, después de terminar el bachillerato hubiera decidido no seguir ninguna carrera y ya estuviera colocada como azafata de congresos y se pasara el día fuera de casa y volviera a las tantas de la noche y anduviera con gentes que se le antojaban raras, casi
5 siempre extranjeros, y nunca supiera dónde iba y se le insolentase, si alguna vez intentaba pedirle explicaciones.

—¡Ay, madre, qué antigua estás!— era todo su comentario.

La primera noche que volvió, pasadas las tres, estaba esperándola, con los nervios a flor de piel y quiso imponer su autoridad.

10 —Mira, hija: esto ya es demasiado. ¿Sabes la hora que es?

—Fuera del trabajo, paso de reloj.

—¿Y se puede saber de dónde vienes?

—Lo normal. De bailar, de tomar unas copas.

—¿Con quién?

15 —¿Con quién ha de ser? Con gente, con compañeros, con amigos. —Miró a su madre con ojos guasones—. Y no me he acostado con ninguno, si es eso lo que te preocupa.

—¿Pero qué forma de hablar...?— Se contuvo; de buena gana le hubiese dado un bofetón.

La madre dio unos pasos. Estaba desconcertada.

20 —¡Ojalá tu padre no se despierte! Entonces, dijo Patricia:

—¿Sabes lo que te digo? Que si cada noche que venga de pasar un rato, vas a montarme estos cirios, lo mejor será que me marche a vivir a un apartamento, como han hecho casi todas mis compañeras. Almudena me lo ha propuesto varias veces; alquilamos uno para las dos y se acaban los problemas. Hay unos monísimos, de
25 veintitantos metros, al lado mismo del Palacio de Congresos. Y nada caros.

—¿Serías capaz de irte de casa?

—Ya estás poniéndote dramática. Ni que te estuviera hablando de fugarme con un señor casado... Tienes que saber que soy mayor de edad, que me gano la vida por mí misma, que tengo una personalidad y derecho a pasarlo bien, pues para algo trabajo
30 como trabajo.

Se agarró del brazo de María Paz; cambió el tono de voz, para decirle:

—Y os quiero muchísimo a papá y a ti y no soy una perdida, que eso se puede ser también haciendo vida de familia y recogiéndose a las nueve, como en tus tiempos.

Le dio un beso.

35 —Anda, madre; vete a dormir y no pienses más tonterías. ¡Con lo inteligente que tú eres, no comprendo cómo te empeñas en ponerte ridícula...

Desde aquella noche María Paz había decidido aceptar la realidad del tiempo en que vivía. Hasta llegó a pensar si no tendría razón Patricia, despreocupada de formulismos, buena en el fondo. ¡Y decente! Claro que, ¿dónde está la decencia?
40 Cuando ella tenía sus mismos diecinueve años, en llevar medias, en no ir a las películas 3-Rs, en no arrimarse a la pareja mientras bailaba. Nada de todo eso importaba ahora.

Llegó a una dolorosa conclusión: es muy difícil ser madre en estos tiempos. Envidió aquellos otros, los de su infancia, cuando a los hijos se les planteaba, como axioma, como verdad indiscutible, el principio intangible, riguroso, sin posibilidad de réplica: los padres siempre tienen razón. Los hijos lo aceptaban. Los hijos querían a sus padres, a pesar de todo. A pesar de llevar inculcado un sentido prusiano de la disciplina, que les hacía asumir, como dogma, la suprema autoridad paterna. Sí; entonces era más sencillo ser madre.

Fernando Vizcaíno Casas, *Chicas de servir*, Madrid, 1985

# Anotaciones

(1) fastidiar: molestar, irritar — recién cumplidos: que acababa de cumplir — (3) colocado/a: empleado/a — azafata (f.): [Hostess] — (4) antojar: parecer — (5) insolentarse: perder la paciencia [sich ärgern] — (8) pasadas las tres: después de las tres de la mañana — (11) pasar de: no preocuparse de — (16) guasón/a: [spaßig] — (17) contenerse: [sich beherrschen] — (18) bofetón (m.): [Ohrfeige] — (20) ojalá: Dios quiera que — (22) montar un cirio: hacer un drama — (24) monísimo/a: muy bonito/a — (27) ni que; aquí: como si [als ob] — (31) agarrase de: [sich anklammern an] — (32) ser un perdido/a: ser una persona sin moral — (33) recogerse; aquí: volver a casa — (36) empeñarse en: querer por todos los medios — (39) formulismo (m.): formalismo — (41) películas (f. p.) 3-Rs: filmes no aptos para menores — arrimarse: aproximarse, acercarse — (44) envidiar: tener envidia de: [neidisch sein auf] — (45) intangible; aquí: que no se puede poner en duda — (48) asumir: aceptar

# Cuestionario de estudio

## Elaboración y compresión

### A) Preguntas sobre el texto

1. ¿Quién es María Paz?
2. ¿Qué edad tiene su hija?
3. ¿De qué trabaja Patricia?
4. ¿Por qué no está de acuerdo la madre con la conducta de su hija?
5. ¿Qué quiso hacer la madre la primera noche que Patricia Paz llegó después de las tres de la mañana?
6. ¿Dónde había estado su hija?
7. ¿Qué respuesta de la hija molestó sobre todo a la madre?
8. ¿Dónde estaba el padre de Patricia?
9. ¿Con qué amenazó la hija a la madre?
10. ¿Pensaba la hija realmente hacer lo que había dicho a su madre?

11. ¿En qué consistía la decencia en los tiempos en que María Paz era joven?
12. ¿Qué dice de la relación entre padres e hijos en su juventud?

## B) Léxico y gramática

I Exprese de otra manera las siguientes frases.
1. Aquellas personas se le antojaban muy raras.
2. La hija se insolentaba cuando la madre le pedía explicaciones.
3. Cuando no trabajaba, Patricia pasaba de reloj.
4. Si volvía tarde a casa, sus padres le montaban grandes cirios.
5. Los apartamentos que hemos visitado son monísimos y nada caros.
6. Su madre, cuando era joven, se tenía que recoger antes de anochecer.
7. A la gente joven le preocupan muy poco los formulismos.
8. Los hijos llevaban inculcado un sentido prusiano de la disciplina.

II Traducción

**Selectividad**

Miles de muchachos se están jugando en estos momentos su futuro. Sin haber hecho la mili siquiera, sin dejar de jugar a las chapas aún muchos de ellos, los resultados que obtengan en el examen de selectividad decidirán si van a ser el día de mañana aquello a lo que les inclina su vocación.

Miles de muchachos cuya vocación por la medicina han demostrado desde su más tierna infancia pues siempre estaban estudiando anatomía con las amiguitas de su hermana, miles de muchachos cuya vocación por la abogacía han demostrado desde su más tierna infancia pues siempre estaban embarullando a la pandilla, miles de muchachos cuya vocación por el periodismo han demostrado desde su más tierna infancia pues siempre estaban recopilando periódicos para venderlos al peso, dependen de su nota en el examen de selectividad para que el aspirante a médico sea eso o licenciado en Románicas, el aspirante a abogado, eso o solícito ATS, el aspirante a periodista, eso o aviador, y si tampoco, auxiliar de vuelo en parapente.

Las autoridades académicas sostienen que en determinadas facultades y escuelas técnicas no hay plazas para tanto candidato y procede su selección, de manera que sólo los muy estudiosos, o muy memoriones, o muy expertos en el noble arte de elaborar chuletas, puedan entrar en ellas, y proponen al resto que vaya allá donde no exista tanta demanda. De donde se deduce: a) que aquellas facultades y escuelas darán los licenciados vocacionales que el país necesita, b) que las restantes darán licenciados inservibles pues les trae sin cuidado su licenciatura, c) que miles de muchachos decidirán toda la vida que tienen por delante cuando aún no han vestido el caqui y están jugando a las chapas, d) que la selectividad habrá hecho un pan como unas obleas.

*Joaquín Vidal, EL PAIS, 11-6-1991*

III ¿Imperfecto o indefinido? (Repaso)
Ponga el texto en el pasado.

Son las nueve de la tarde. Montserrat y Ana, su amiga, están en un bar de las Ramblas, han tomado un aperitivo y quieren ir a casa de los Gómez porque la Señora Gómez las ha invitado a cenar. Los Gómez son una familia de su pueblo que ya hace diez años que vive en Barcelona. A las nueve y diez salen del bar y van a la estación del metro. Compran los billetes y a las nueve y media ya se encuentran en casa de los Gómez. La señora Gómez ha preparado una paella magnífica. Antes de comenzar a cenar, hablan del pueblo y de los niños de los Gómez. La señora Gómez les explica que los dos mayores van al Instituto y que los dos pequeños están haciendo EGB. A las diez, llaman a la puerta. La Señora Gómez abre la puerta. Es el señor Gómez que vuelve del trabajo. Ha terminado de trabajar a las nueve y media porque ha hecho dos horas extraordinarias. A las diez y cuarto comienzan a cenar y las once ya han terminado. Después de la cena conversan un poco y el Señor Gómez lleva a Montserrat y a Ana a la residencia en la que viven, que está a veinte minutos de la casa de los Gómez. A media noche, las dos amigas llegan a su residencia, ven las noticias en la televisión, conversan un poco y se van a la cama.

## Análisis y comentario

1. Describa en cinco o seis líneas a Patricia.
2. ¿Qué nos dice el texto de la juventud de la madre de Patricia?
3. ¿Cómo juzga usted la actitud de Patricia?
4. ¿Cree usted que las preocupaciones de la madre son justificadas? Fundamente su respuesta.

# NOTARIO SACRIFICADO

Mi padre era un hombre que había tenido inquietudes literarias. Había dirigido una revista que se llamaba Sinceridad en la que había escrito gente de relativa relevancia en la época. (...) Pero tuvo que ponerse a trabajar para sacar adelante a su padre y a su madre, que eran mayores. El padre murió pronto, pero la madre vivió muchos años. Yo la he visto en casa con noventa y tantos años. Mi padre, por esta razón, renunció absolutamente a todas las cuestiones de tipo literario o creativo y se dedicó a la notaría. Y a él le quedó siempre esa nostalgia de haber perdido algo. Por eso, cuando a mí me veía escribir no me lo reprochaba, y aunque teóricamente pensaba que yo debía ser abogado y hacer notarías como él, nunca me dijo «esto de la notaría es maravilloso, qué bien lo paso», en modo alguno y todo lo contrario. (...)

Era muy afectivo, muy cariñoso con los hijos, por esa faceta un poco de abuelo que tenía, era muy padrazo con los pequeños, y con mi hermana no digamos. Mi madre nos hacía ir al colegio, naturalmente, pero por él no hubiéramos aprendido a leer y a escribir. Le decías: «Papá, me duele un pie». «¡Hijo, quédate en la cama, qué barbaridad, cómo vas a ir al colegio!». Si no hubiera sido porque mi madre se empeñaba, nosotros no sabríamos en este momento ni las cuatro reglas (que, por cierto, tampoco ahora las sé). A mí, como era el mayor, al principio me puso un profesor en casa, un preceptor, como los de los románticos alemanes, para que no tuviera que ir al colegio y estuviera allí todo el rato, en casa. Menos mal que mi madre, claro, se opuso, y después de un año empecé el colegio, con un año de retraso precisamente porque mi padre intentó desesperadamente que me quedara en casa, pero evidentemente la idea era un disparate. En este sentido era exageradamente cariñoso y protector.

Mi padre no tenía en casa ninguna habitación exclusiva para él, el pobre se metía a leer el periódico en el water, porque con una casa llena de abuelos y de niños decía que si se ponía a leer el periódico en cualquier parte todo el mundo le daba la lata, así que se encerraba en el baño y se ponía a leer sentado en el water, sin levantar la tapa. Tenía sólo la habitación con mi madre, y recuerdo que a veces ponía todos los papeles por encima de la mesa del comedor. Porque además odiaba los papeles (una cosa que he heredado de él), y los tiraba de vez en cuando sin darse cuenta de si servían o no, cosa que en uno es siempre raro, pero en un notario, imagínate.

Uno de los primeros recuerdos que tengo de él es que cuando era muy pequeño me compraba cromos, por ejemplo de animales, que me gustaban mucho, y los dejaba escondidos debajo de la mesa de su despacho; una mesa maciza, muy grande, y tenía un hueco para meter las piernas, y ahí, en un rinconcito u otro, me dejaba los cromos. La mitad de la casa era oficina, y el resto, casa, así que para mí la oficina tenía un prestigio mágico, e incluso cuando éramos pequeños, supongo que con espanto de clientes y todos los demás, los niños de la casa nos escondíamos debajo de las mesas para vigilar a los clientes. Excuso decirte que es una idea que todavía me produce espanto. Entonces yo entraba en la oficina más o menos oscura, iba hasta la mesa, miraba debajo, y a veces había cromos y a veces no. De ahí la ilusión que me ha hecho siempre cierto tipo de sorpresas. El periódico, por ejemplo, cuando me lo meten por

debajo de la puerta por las mañanas y luego lo encuentro, me produce una alegría <u>desmesurada</u>. También me contaba cuentos oralmente; había uno de un perro que se
45 llamaba «Pirulo» y corría aventuras <u>sin cuento</u>, y se encontraba con «Rintintín». Yo oí hablar de «Rintintín» sobre todo a mi padre; de hecho, cuando vi la primera <u>película</u> de «Rintintín» me sentí un poco frustrado, porque yo creía que era un <u>invento</u> de mi padre.

*Fernando Savater, EL PAIS, 7-1-1990*

## Anotaciones

(1) había tenido inquietudes literarias: le había gustado escribir obras literarias — (2) relevancia (f.): importancia, categoría — (3) sacar adelante: mantener — (4) mayor; aquí: de edad avanzada — (5) renunciar a: dejar, abandonar — (6) notaría (f.): profesión de notario — (8) reprochar: [vorwerfen] — (10) qué bien lo paso; aquí: me gusta muchísimo ejercer la profesión de notario — (11) afectivo/a: sensible, cordial — faceta (f.): aquí: carácter, aspecto [Seite] — (12) padrazo (m.): un padre demasiado bueno — no digamos; aquí: sobre todo, principalmente — (15) empeñarse; aquí: [darauf bestehen] — (16) las cuatro reglas: [die vier Grundrechnungsarten] — (19) rato (m.): tiempo — menos mal que: afortunadamente — (22) disparate (m.): absurdidad — (26) dar la lata: molestar, no dejar tranquilo — (27) tapa (f.): [Deckel] — (29) odiar: [hassen] — (30) heredar: [erben] — (31) imaginarse: [sich vorstellen] — (33) cromo (m.): [Sammelbild] — (34) macizo/a: compacto/a — (35) hueco (m.): [Höhlung] — rinconcito (m.): diminutivo de <u>rincón</u> [Winkel] — (37) espanto (m.): pánico [Schrecken] — (39) vigilar: observar atentamente [bewachen] — excuso decirte: no es necesario que te diga — (44) desmesurado/a: muy grande, enorme — (45) sin cuento: muchísimos/as, innume-rables — (46) película (f.): filme — (47) invento (m.): creación

## Cuestionario de estudio

### Elaboración y comprensión

#### A) Preguntas sobre le texto

1. ¿De qué revista había sido director el padre del autor?
2. ¿Por qué no pudo su padre continuar sus actividades literarias?
3. ¿Qué dice el autor de sus abuelos?
4. ¿Qué profesión tenía su padre?
5. ¿Estaba contento con la profesión que ejercía?
6. ¿Era muy rígido con sus hijos?
7. ¿Por qué serían los hijos analfabetos si su madre no lo hubiese impedido?
8. ¿Por qué tenía que leer el padre el periódico en el water?
9. ¿Qué hacía el padre con los cromos que compraba?

10. ¿Qué sorpresa le hace actualmente ilusión al autor?
11. ¿Qué le ha decepcionado a Fernando Savater?

**B) Léxico y gramática**

I Exprese de otra manera las frases siguientes.
1. En la revista escribía gente de relativa relevancia.
2. Era un padrazo con los pequeños.
3. Menos mal que mi madre se opuso.
4. Compraba cromos y los dejaba escondidos debajo de la mesa.
5. Me contaba cuentos oralmente.
6. El creía que «Rintintín» era un invento de su padre.
7. Por él no hubiéramos aprendido a leer y a escribir.
8. Me puso profesor en casa.
9. Mi padre no tenía en casa ninguna habitación exclusiva para él.
10. Para él, la mitad de la casa era oficina.

II Escriba los verbos que corresponden a los siguientes substantivos.

| | | | |
|---|---|---|---|
| creatividad | decepción | empeño | espanto |
| excusa | frustración | habitante | herencia |
| ilusión | imaginación | inquietud | intención |
| invento | necesidad | oposición | protector |
| razón | recuerdo | reproche | retraso |
| servicio | sorpresa | dirección | compra |

III Ponga las frases en futuro.
(Repaso)
1. Comemos a las dos, salimos a dar un paseo a las cuatro y volvemos a las seis de la tarde, a las ocho ya hemos cenado. — 2. Tiene que ponerse a trabajar para sacar adelante a su familia. — 3. Paquito hace los deberes y va a ver a su amigo. En casa de su amigo oyen algunos discos. — 4. Tiene que leer el periódico en el water, porque siempre tiene la casa llena de gente. — 5. Voy a su casa y le digo que no tengo tiempo. — 6. Tenemos que ir sin ella, porque [ella] no quiere venir. — 7. Salgo a las tres y a las cinco he terminado de hacer las compras. — 8. María se levanta de la silla, pone los libros sobre la mesa y abre la ventana. — 9. Neli y Rosalía escriben las cartas, les ponen un sello y las llevan a correos. — 10. Rogelio y Nicolás se toman dos cafés. Tienen que pagar 180 pesetas. A las siete de la tarde ya han salido del bar. — 11. Pedro no viene porque no tiene tiempo. — 12. No saben qué hacer porque las posibilidades son muchas.

## Análisis y comentario

1. Resuma y estructure el contenido del texto.
2. Describa con sus propias palabras en unas diez líneas al padre del autor.
3. ¿Qué nos dice de su madre?
4. Enumere y comente los recursos más importantes de los que se sirve el autor del texto.

# DEL DIARIO DE UN PADRE

19 de marzo de 1991. Creo que de nuevo estoy siendo violento con mi hijo porque hace cosas que a mí no me gusta que haga. ¿Tengo yo acaso el derecho, aunque sea mi propio hijo, aunque le haya criado a los pechos de mi esposa, aunque él y Hacienda se lleven el ochenta por ciento de mis ingresos, tengo yo acaso derecho repito, a
5 reprenderle con la severidad con que lo hago, porque él tiene un concepto de la vida distinto del mío? ¿Debo oponerme sistemáticamente, como él me reprocha que hago, a todo lo que hace con plena libertad en mi casa, sí, en mi propia casa, porque ésta es mi casa a pesar de sus deseos de ser el rey y el señor de nuestro hogar?

Hoy, por ejemplo, no he podido reprimirme y le he dado una bofetada que le han
10 saltado todas las muelas del lado derecho de su cara, excepto las del juicio que todavía no le han salido. El me ha amenazado, después del golpe, con acusarme de sádico ante el Defensor del Pueblo. Pero yo me pregunto: «¿Es que debo consentir lo que ha hecho él conmigo mientras yo dormía? ¿Puedo consentirle que me grabe a fuego vivo como si yo fuese un toro de su ganadería, sus iniciales en mi nalga derecha?»
15 Seguramente a veces no me esfuerzo mucho en comprender a mi hijo, pero él debe respetarme a mí por mi condición de padre. Ayer, después de los duros reproches que le dirigí por querer estrangularme con las medias de su madre mientras yo dormía la siesta, en un momento de relativa calma entre los dos, me dijo:

—He decidido vivir sólo e independiente. O sea, que ya puedes ir largándote de
20 casa.

¿Qué hago? ¿Seguir como siempre complaciendo sus mínimos deseos o hundirle el cráneo con el busto de bronce con la efigie de Freud que tengo en la mesa del despacho? Es difícil decidir: él es egoísta, lo sé, pero ¡es tan joven! También yo a su edad, cuando acababa de cumplir los once años, arrojé a mi padre por la ventana.
25 No sé qué hacer, la verdad, que no sé qué hacer. A veces tengo miedo, como ahora que le he oído cargar su Remington automática y le veo que se acerca donde estoy yo sentado en mi sillón favorito frente a la telev...

(Fin del diario de un padre )

*Chumy Chúmez, Blanco y Negro, 7-4-1991*

## Anotaciones

(1) ser violento/a: ser muy duro/a — (3) a los pechos: [an der Brust] — Hacienda (f.): ministerio de las finanzas — (4) ingresos (m.p.); aquí: salario, dinero que se gana — (5) reprender: [tadeln] — severidad (f.): dureza — (6) reprochar: echar en cara [vorwerfen] — (8) hogar (m.): casa — (9) reprimirse: dominarse [sich beherrschen] — una bofetada (f.) que: [so eine Ohrfeige, daß] — (10) muela (f.): [Backenzahn] — juicio; aquí: muelas del juicio: [Weisheitszähne] — (12) Defensor del Pueblo (m.): abogado que defiende los derechos de todos los ciudadanos — (13) grabar a fuego vivo: [mit Feuer

eingravieren] — (14) ganadería (f.): [Stierzucht] — nalga (f.): [Arschbacke] — (17) medias (f.p.): [Strümpfe] — (19) largarse de casa: abandonar la casa — (21) complacer: satisfacer [befriedigen] — hundir el cráneo: [den Schädel zertrümmern] — busto (m.): [Brustbild] — efigie (f.): [Bildnis] — (24) arrojar: [werfen] — (26) Remington (f.): una marca de pistolas

## Análisis y comentario

1. ¿Qué se pregunta el padre en el primer párrafo del texto?
2. ¿Qué edad tiene el hijo?
3. ¿Por qué había dado el padre una bofetada a su hijo?
4. ¿Por qué muestra el padre cierta comprensión y compasión para con el hijo?
5. Comente el desenlace de la historia.
6. Enumere y comente tres de los numerosos elementos irónicos que contiene el texto.

# II
# EL MUNDO EN EL QUE LES TOCA VIVIR

# FALTA DE VALORES

El incremento en el índice de suicidios entre los jóvenes en el mundo desarrollado está directamente relacionado con el vacío de valores y sentimientos que encuentran, según el austríaco Erwin Ringel, uno de los más conocidos expertos mundiales en casos relacionados con el suicidio. Ringel asegura además que los padres se muestran
5 cada vez más incapaces de transmitir a sus hijos unos valores en los que ellos mismos no creen.

Erwin Ringel, neurólogo, psicoterapeuta, fundador y presidente de la Sociedad Internacional para la Prevención del Suicidio, considera que «los padres no tienen muchas veces valores, y, si los tienen, éstos son los puramente materiales, por lo que
10 no pueden comunicar tampoco el sentido de la vida ya que lo desconocen». Por otra parte, cree que los padres parecen no encontrar tiempo para esta labor: «Llegan a casa agotados del trabajo y no tienen la paciencia necesaria para dar a sus hijos ese alimento emocional que necesitan».

«Si un niño no recibió el amor de sus padres, será de adulto mucho más susceptible
15 a las situaciones de rechazo, y estará más expuesto a las depresiones y tendencias suicidas, ya que le faltará el sentido del amor propio», opina el experto austríaco. «Mi amigo Manes Sperber (el escritor francés de origen yugoslavo) lo expresó muy bien diciendo que hoy en día los niños se crían huérfanos en la compañía de sus padres y madres», añade.

20 En opinión de Erwin Ringel, «tenemos una relación perturbada con el mundo. Todo – la naturaleza, el propio espacio urbano – lo destruimos en nuestro intento de transformarlo en dinero y luego nos preguntamos por qué la juventud busca huir de la realidad presente o por qué muchas parejas jóvenes se resisten a tener hijos».

Otras instituciones como la escuela o la universidad no cumplen tampoco su
25 cometido, ya que se limitan a la transmisión de conocimientos y no a la formación del individuo en todas sus facetas, «incluida la afectiva, importantísima para su desarrollo», asegura.

Lo trágico, según Ringel, es que la Iglesia actual ha dejado de ser atractiva para los jóvenes, que encuentran, por el contrario, refugio en las sectas; ya que éstas apelan
30 a los sentimientos, a su esfera emocional. Otros jóvenes se refugian en las drogas, que no son sino una expresión del «vacío vital» y antesala del suicidio en la huida de la realidad que representan.

*EFE, ABC, 24-8-1992*

# Anotaciones

(1) incremento (m.): aumento — (2) vacío (m.) de valores: — [Mangel an Werten] — (6) creer: [glauben] — (8) para la prevención (f.) del suicidio: para evitar los suicidios — considerar: pensar — (9) puramente: únicamente — (10) comunicar; aquí: [mitteilen] — (11) labor (f.): misión, trabajo — (12) agotado/a: muy cansado/a — paciencia (f.):

[Geduld] — alimento (m.): comida [Nahrung] — (14) de adulto: cuando sea mayor — susceptible: [anfällig] — (15) rechazo (m.): [Ablehnung] — (16) amor propio: amor a sí mismo — (18) huérfano: que no tiene padres — (20) perturbado/a: trastornado/a [gestört] — (21) espacio urbano; aquí: lugar en el que se vive — intento (m.): [Versuch] — (23) pareja (f.): matrimonio — resistirse a: oponerse a, no querer — (24) cumplir; aquí: [erfüllen] — (25) cometido (m.): misión — limitarse: [sich beschränken] — (26) faceta (f.): aspecto, componente — (29) refugio (m.): [Zuflucht] — apelar: dirigirse — (31) antesala (f.): [Vorzimmer, Vorstufe]

# Cuestionario de estudio

## Elaboración y comprensión

### A) Cuestiones sobre el texto

1. ¿Por qué aumenta el número de suicidios entre los jóvenes?
2. ¿Quién es Erwin Ringel?
3. ¿Por qué no pueden muchos padres transmitir a sus hijos «valores espirituales»?
4. ¿Qué consecuencias tiene para un niño el no haber sido amado por sus padres?
5. Comente la frase de Manes Sperber: «Hoy en día los niños se crían huérfanos en compañía de sus padres y madres».
6. ¿Qué dice el autor de la relación que tiene el hombre moderno con el mundo que le rodea?
7. ¿Cómo explica el autor la aceptación que tienen en la actualidad las «sectas» entre los jóvenes?
8. ¿De qué acusa el autor a la escuela y a la universidad?
9. ¿Qué piensa el autor del consumo de drogas?

### B) Léxico y gramática

I Explique el significado de las siguientes palabras y expresiones.
1. El alimento emocional
2. El espacio urbano
3. Estos niños son como huérfanos.
4. Las drogas son la antesala del suicidio.
5. Los jóvenes encuentran un pseudorefugio en las sectas.
6. Valores intrasmisibles
7. Ser susceptible a las situaciones de rechazo
8. Suicidarse
9. Un escritor de origen yugoslavo
10. Un experto
11. Una pareja

II Discurso indirecto
1. Muchos adultos de nuestra sociedad de consumo no se sienten capaces de trasmitir a sus hijos unos valores en los que ellos mismos apenas creen.
2. En nuestro mundo ya no tienen vigencia muchos valores que en otro tiempo eran casi unánimente admitidos. Los valores que cuentan en nuestros días son la riqueza y el poder.
3. Tenemos una relación perturbada con el mundo que nos rodea y destruimos tanto el espacio urbano como el rural en nuestro intento de querer transformar todo en dinero.
4. Hoy vivimos en un mundo sin ideales. No sabemos ni de dónde venimos, ni adónde vamos. El futuro intentamos dominarlo haciendo un análisis de mercado con objeto de seducir a las masas para que adquieran lo que producimos sin tener en cuenta si realmente lo necesitan o son más bien apetencias artificiales.

Un pensador declaró hace ya unos meses que ...

III Presente de indicativo (repaso)
Complete las frases.
1. El portero (cerrar) la puerta y (volver) a su casa. — 2. [Ellos] (soler) (ir) a la cama después de las 11 de la noche y (levantarse) poco temprano. — 3. [Yo] no (tener) ningún plan para mañana. ¿Qué (ir) a (hacer) tú? — 4. Por las tardes, [yo] (dar) una vuelta por la ciudad y (ir) a (cenar) en un restaurante. Después de (cenar) (volver) a casa. — 5. Este ramo de claveles no nos (gustar) mucho y además (ser) muy caro. Nosotros no (tener) mucho dinero. — 6. Luis (llegar) al aeropuerto y (coger) las maletas. Las (poner) junto al mostrador porque las (querer) pesar. Una azafata lo (acompañar) a la salida de vuelos. — 7. [Yo] (estar) muy desanimado porque no (poder) (pronunciar) la «j». [Yo] (ir) a (probar) un par de veces más. — 8. Luisa (querer) (ir) a Londres y (pedir) información en una agencia de viajes. El avión (salir) de Madrid a la ocho y (llegar) a Londres a las nueve y media. — 9. [Yo] (conocer) a un señor que no (saber) (hablar) castellano, pero que (entender) todo lo que le (decir) en este idioma. [Yo] ya (entender) un poco en este idioma. — 10. [Yo] te (decir) que [yo] no lo (saber) y que no lo (querer) (saber).

## Redacción

Exponga en unas diez o doce líneas lo que el autor quiere hacer ver a los lectores.

# LOS PAGANOS

*Arbeitslosigkeit*

    Una y otra vez surge el gran problema de la transición, casi el único problema serio, el del paro. A punto ya de alcanzar los tres millones de parados oficiales y a punto ya de cumplirse diez años desde que rebrotó aquí la plaga del desempleo masivo, natural es que éste sea el problema número uno en la mesa de Gobiernos, partidos y sindicatos.
5 Con dos agravantes: en primer lugar, la plaga no remite aún, sigue creciendo, aunque sea más despacio, y en segundo lugar, afecta catastróficamente a los más jóvenes, a los que buscan su primer empleo. De ahí que exista ya casi una generación entera de españoles marcados por el estigma del paro permanente, los verdaderos paganos de la crisis.
10 Hay que matizar la cifra de tres millones de parados, es cierto. Por dos razones principales. La primera razón es que una parte importante de los parados – de seguro, más del 20 por ciento – no son parados de verdad, sino que trabajan en la economía sumergida. Y la segunda razón que tiende a incrementar el número oficial de parados – al menos en comparación con lo que ocurría en el régimen anterior – es que, al
15 existir primas, subsidios y ayudas múltiples a los parados, se incentiva la inscripción como parado o buscador de empleo de gente que, en otras épocas, no hubiera soñado con inscribirse jamás. Por eso no pueden compararse los tres millones actuales con los pocos cientos de miles de parados de hace diez o quince años. No son cantidades homogéneas y más vale que los nostálgicos del régimen anterior lo entiendan así.
20 Pero estas dos atenuantes no resuelven el grave problema. Sirven sólo para colocarlo en su auténtica perspectiva. Y la perspectiva es grave, muy grave; sean tres o dos o millón y medio los parados comparables con las cifras de antes de la crisis. Y es especialmente grave por lo ya dicho, porque son los jóvenes, los que buscan su primer empleo, quienes están pagando masivamente la crisis que sus padres no saben
25 resolver.
    Los trabajadores con trabajo, y sus representantes sindicales, al defender condiciones de trabajo y contratación incompatibles con tiempos de crisis, están condenando al paro a una generación entera de jóvenes, la generación que no conoció el franquismo sino en la cuna, la primera generación de españoles libres. Libres, sí, pero
30 sin trabajo, y, en muchos casos, sin esperanza de obtenerlo. Este es el marco de la tragedia. Y es una verdadera tragedia.

*Juan Tomás de Salas, Cambio 16, 17-6-1985*

# Anotaciones

(1) surgir: aparecer — la transición; aquí: el paso de la dictadura a la democracia — (2) paro (m.): paro obrero, desempleo — (3) cumplirse: hacer ya — rebrotar: volver a aparecer — (4) mesa (f.); aquí: conversaciones, discusiones — (5) agravante (f.): elemento que hace más difícil un problema — remitir; aquí: mejorarse, disminuir — (6) afectar: [betreffen] — (8) estigma (m.): marca [Brandmal, Stigma] — pagano (m.);

aquí: que tiene que pagar sin tener culpa — (10) matizar: precisar exactamente [präzisieren] — (12) economía sumergida: trabajo ilegal — (13) incrementar: aumentar, acrecentar — (15) prima (f.); aquí: [Förderungsprämie] — múltiple: muy variado/a — incentivar: estimular — (16) buscador (m.): persona que busca — (19) nostálgico/a de: persona que tiene nostalgia de — (20) atenuante (f.): elemento que relativiza — (25) resolver: solucionar — (27) condenar a: [verurteilen zu] — (29) en la <u>cuna</u> (f.): en la infancia, cuando eran niños [Wiege]

# Cuestionario de estudio

## Elaboración y comprensión

### A) Preguntas sobre el texto

1. ¿Cuál es el problema más grave de la época de «la transición»?
2. ¿Cuántos desempleados hay en España?
3. ¿A quiénes preocupa principalmente este problema?
4. ¿Cuáles son los elementos que agravan el problema?
5. ¿Es el número de tres millones un número objetivo?
6. ¿Quiénes son los más afectados por la crisis?
7. ¿A qué «tragedia» (contradicción) alude el autor en la última parte del texto?

### B) Léxico y gramática

I Anótese y traduzca los substantivos que corresponden a los siguientes verbos.

| | | |
|---|---|---|
| agravar | alcanzar | aminorar |
| aumentar | buscar | colocar |
| comparar | condenar | conseguir |
| crecer | cumplir | disminuir |
| estimular | existir | incentivar |
| incrementar | inscribir | marcar |
| matizar | obtener | rebrotar |
| resolver | soñar | surgir |

II Formule de otra manera las frases siguientes.
1. Esta generación no conoció el franquismo sino en la cuna.
2. Algunos parados trabajan en la economía sumergida.
3. Existe casi una generación entera de españoles marcados por el estigma del paro permanente.
4. En los últimos años ha rebrotado la plaga del paro masivo.

III Ponga el texto en el pasado.
(Imperfecto e indefinido) *Pluscuamperfecto*

Son las nueve de la tarde. José Antonio está en casa de su tía. Su tía lo ha invitado a cenar. José Antonio está sentado en el comedor y lee una revista. A las nueve y cuarto llaman a la puerta. José Antonio cierra la revista, la pone encima de la mesa, sale del comedor y va a abrir la puerta. Es Juanito, un amigo de José Antonio, que trabaja en Sariñena. Juanito entra en el comedor, se sienta y hablan un poco. Como su tía todavía no ha terminado de preparar la cena, los dos amigos van a pie a un bar que no está lejos. En el bar hay mucha gente y hace mucho calor. Piden dos cervezas, conversan un rato y pagan. Media hora después ya se encuentran en casa de la tía de José Antonio. Quieren que Juanito cene con ellos y Juanito se queda a cenar. El hermano de José Antonio, que también está invitado, llega un poco retrasado, porque ha tenido que hacer dos horas extraordinarias. La tía les ha preparado una buena paella. Después de cenar hablan del trabajo, de sus planes, de sus problemas. A las once de la noche vuelven los tres a su casa porque mañana quieren levantarse pronto. José Antonio y su hermano Martín llegan a casa a las once y diez, ven las noticias en la televisión, conversan un poco y se van a la cama.

## Análisis y comentario

1. Resuma y estructure el contenido del texto.
2. ¿Por qué no se puede comparar el número de parados de los que hablan las estadísticas actuales con el número de parados que existían en tiempos de la Dictadura?
3. El autor afirma que los sindicatos contribuyen en cierto modo a empeorar la situación laboral de los jóvenes.
   Explique por qué.
4. Explique el significado y la función del título.

# OTRAS ALTERNATIVAS

Para los «bien pensantes» de nuestra hora, la fórmula puede definirse del siguiente modo: hay que dejarse de utopías, de proyectos transformadores, de «fines» inalcanzables, y limitarse a los «medios»; solamente con el procedimiento de la democracia liberal y el libre mercado, ayudado por los avances tecnológicos, podrán irse resolviendo los problemas de la Humanidad. Así de simple, y así de escéptica y desmovilizadora es la terapéutica actual. No importa que muchos millones de hombres vivan en la miseria, otros muchos millones mueran de hambre al año, los drogadictos aumenten y la violencia sea moneda común en las zonas superdesarrolladas de nuestro Occidente. Al fin y al cabo es el famoso «tercio marginal» de la Humanidad, con el que hay que sobrevivir, y al que no podemos evitar. En cierto modo es inherente al sistema.

Las consecuencias son manifiestas, y las vivimos incluso caricaturizadas aquí en España: clases altas, medias y hasta trabajadores cualificados o sumergidos sólo piensan en disfrutar, gastar, consumir, sin más horizonte que el presente. Por lo que con estas características puede ser definido así cualquier ciudadano «bien pensante»: a) una tolerancia pasiva, casi indiferencia, no tanto ante las opiniones ajenas como ante las transgresiones morales más indignantes; b) una frivolidad evasiva, alienante, producto de un individualismo posesivo y hedonista; c) una «moral de camaleón» – como muy bien ha calificado Adela Cortina en el título de su libro –, y que se adapta a las nuevas circunstancias con la más absoluta tranquilidad de conciencia: puede aprovecharse del prójimo por la mañana e ir a comulgar por la tarde.

Bien es verdad que a esta situación no se ha llegado de la noche a la mañana, por arte de birlibirloque. Ha venido precedida del derrumbe de las ideologías transformadoras, revolucionarias, que pretendían la «liberación plena» del hombre mediante la instauración estructural de un nuevo modelo de sociedad. Y no es que la crisis radique en el fracaso de los países del Este sino que viene de toda una experiencia histórica, iniciada con las grandes religiones «salvadoras» o monoteístas, más tarde con el vaivén de la Ilustración – que creyó en el procedimiento de la razón para arreglarlo todo – y ha terminado con el hundimiento de esta supuesta «ciencia de la liberación» del hombre que pretendió ser el marxismo y sus leyes del determinismo histórico. Y es que la historia de las ideas dominantes – al menos entre las élites ilustradas – sufre muchos vaivenes, olas invasoras y declives más o menos previstos. Aparte de que los «sueños de la razón», y las «revelaciones liberadoras» de las distintas religiones nos han llevado a verdaderos desatinos, cuando no a magnos desastres, desde el momento en que pretendieron dogmáticamente imponerse por la violencia del poder.

Lo evidente es que vivimos, hoy por hoy, en un decepcionado vacío ideológico. Nos faltan objetivos, fines, premisas. No sabemos «inventarnos» adónde vamos. Ahora, para saberlo, nos limitamos a hacer un minucioso estudio del «mercado», realizar un «master» para ser experto en «marketing», y así no ofrecer a las masas sino aquello que previamente sabemos que desean, o con anterioridad se les ha seducido para que lo deseen. Se nos ha desideologizado el mundo, y ya nos importa un comino eso de la sociedad más justa, más libre, más solidaria. Y la verdad es que hay motivos para estar escarmentados. Hasta ahora por lo que vemos, el «mercado libre», la ley de la selva del capitalismo, ha sabido sobrevivir e imponerse al resto de experiencias que se han sucedido en la historia, y no son pocas. Desde los falansterios, las reducciones jesuitas en Paraguay, las comunas autogestionarias, los productores libremente asociados, a los ambiciosos proyectos colectivizadores, como los que supuso el «comunismo realmente existente» – países del Este – y las matizaciones originales de China, Yugoslavia o Nicaragua, nada, en definitiva, ha sabido o podido superar la prueba de su verificación histórica.

Y, no obstante, nadie podrá negar simultáneamente que exista una aspiración del hombre a un mundo de personas liberadas, plenas, realizadas, al fin y al cabo trasunto del Reino de Dios y la Parusía que se nos ha transmitido desde las Sagradas Escrituras. Y que esta aspiración ha subsistido en todas las religiones, incluso secularizada periódicamente en forma de proyectos políticos muy concretizados, por los que han luchado, sacrificado y muerto muchísimos hombres beneméritos. Ahora nos conformamos con un pobre «reformismo», una tecnología social y económica para ir mejorando el «bienestar», y se ha renunciado al «hombre nuevo», al otro modelo de sociedad en que primace la solidaridad. El mercado duro y puro, la competencia hasta la deslealtad, han impuesto su ley. Entre nosotros, el felipismo – que no tiene nada que ver con los valores socialistas – representa la opción triunfante de este modo de ver las cosas.

A la luz de estas consideraciones cabe preguntarse: Pero, ¿qué se busca? ¿El «bienestar social» o una «autonomía liberada» del hombre? ¿Una autonomía solidaria interdependiente, en igualdad de condiciones para cada hombre, cada pueblo, cada colectividad diferenciada, o sólo la ley del más fuerte? ¿Se trata de limitar el sufrimiento humano – que hay mucho – o más bien satisfacer los deseos de una parte de la población?

Para empezar, tendríamos que convencernos de que el hombre no tiene, como todo en el resto del mundo, un «precio» al cual venderse. Habría que penetrarse de la profunda convicción de que el hombre no es una mercancía, no es un valor relativo, no tiene equivalente para intercambios. Mi yo es único, personal, intransferible, absoluto. Por lo tanto, tiene «dignidad», y esto es lo que se olvida; esto es lo que le impide comprarse o venderse.

La segunda premisa exige un verdadero proceso de «autentificación». Por lo pronto, ya sería bueno que todos fuésemos más conscientes de la diferencia que existe entre «lo que pensamos» – o decimos que pensamos – y aquello que después hacemos, o sea, cómo nos comportamos. Esta disociación esquizofrénica, tan generalizada, habría que vencerla, y cada cual atenerse a lo que de sí proclama. ¿Dónde están los cristianos de hoy que «buscan el Reino de Dios y su justicia, y todo lo demás se le dará por añadidura»? (Mt. 6,33). ¿Y dónde los socialistas, los demócratas, los servidores políticos del «bien común» sin mezcla alguna de interés personal?

Evidentemente, a la hora de las alternativas aún nos queda mucho por andar, y no menos que aclarar. En las últimas páginas de su libro autobiográfico, Roger Garaudy dice lo siguiente: «La quiebra histórica de Occidente es un fracaso de su cultura, es decir, de su manera de concebir y de vivir sus relaciones con la naturaleza, los otros hombres y lo divino.» Es posible que lleve buena parte de razón.

De cualquier forma, y en contra de la opinión de Fukuyama, más tarde o más temprano brotarán nuevos intentos, otras iniciativas. Por ejemplo, puede ir a más la «teología de la liberación» latinoamericana, la fe Baháí, o producirse un «salto mutante» en la conciencia de los hombres. Nadie puede predecirlo. De lo que estoy seguro es que la dimensión religiosa del hombre tendrá muy importante papel en esta alternativa.

*José Aumente, EL INDEPENDIENTE, 22-8-1991*

## Anotaciones

(2) dejarse de: abandonar, no creer en — inalcanzable: que no se puede obtener [unerreichbar] — (3) limitarse a: ceñirse a [sich beschränken auf] — (4) avance (m.): adelanto — (5) desmovilizador/a: que no motiva, que no moviliza — (8) ser moneda (f.) común: extenderse, encontrarse por todas partes — (9) al fin y al cabo: en resumidas cuentas [letzten Endes] — (10) inherente a: que forma parte esencial de — (13) trabajador sumergido: trabajador ilegal [Schwarzarbeiter] — (14) disfrutar: pasarlo bien [genießen] — (16) ajeno/a: de los otros, de los demás — (17) trasgresión (f.): mal comportamiento [Überschreitung] — indignante: [niederträchtig] — frivolidad (f.): superficialidad — alienante: enajenante [entfremdend] — (18) posesivo/a: egocentrista — hedonista: que sólo busca el placer — moral (f.) de camaleón: doble moral — (21) aprovecharse de: [ausnutzen] — ir a comulgar: tomar la Sagrada Comunión — (22) de la noche a la mañana: de pronto, súbitamente — por arte de birlibirloque: por arte de magia — (23) derrumbe (m.): caída — (24) pretender; aquí: tener como fin — (25) instauración (f.): introducción, creación — (29) radicar en: provenir de, tener como base — (27) inciado/a: que comenzó — salvador/a: libertador — (28) vaivén (m.): balanceo [Hin und Her] — Ilustración (f.): [Aufklärung] — arreglar; aquí: solucionar, resolver — (29) hundimiento (m.): caída, ruina, fracaso — (32) ola (f.): [Welle] — declive (m.): descenso, crisis — (34) desatino (m.): absurdo, disparate — magno/a: grande — (36) decepcionado/a: defraudado, desilusionado — vacío (m.): [Leere] — (40) seducir; aquí: [überreden] — (42) un comino: nada — (43) escarmentado/a: [abgeschreckt] — (44) ley (f.) de la selva: ley del más fuerte. — (45) sucederse: tener lugar uno después de otro — falansterio (m.): alojamiento colectivo — (46) reducciones jesuitas en Paraguay: [Art der Missionierung der Jesuiten in Paraguay] — (48) matización (f.): forma especial — (52) pleno/a; aquí: [vollendet] — trasunto (m.): imitación — (54) subsistir: conservarse, continuar existiendo — (56) benemérito/a: honorable, digno/o de alabanza — (59) primacer: estar en primer lugar — competencia (f.): [Konkurrenz] — (60) deslealtad (f.): infidelidad — felipismo (m.): oportunismo — (63) caber: ser posible — (67) satisfacer: colmar [befriedigen] — (70) al cual venderse: por el que se pueda vender — penetrarse de; aquí: adquirir — (72) equivalente: algo que tenga el mismo valor — intransferible: [einmalig] — (75) por lo pronto: en primer lugar — (78) disociación (f.): contradicción, dicotomía — (79) atenerse a: sujetarse a [sich halten an] — proclamar: afirmar, decir — (81) dar por añadidura: [hinzufügen] — (83) quedar mucho que andar:

tener mucho que hacer — (85) quiebra (f.): ruina [Pleite] — (86) concebir: entender, interpretar — (87) llevar razón: tener razón — (88) opinión (f.) de Fukuyama: [nihilistische Weltanschauung] — (89) brotar: surgir, nacer — (90) fe (f.) bahái: secta musulmana que afirma que el hombre puede llegar al conocimiento total de la verdad — salto (m.) mutante: [Mutationsprung, starke Veränderung]

# Cuestionario de estudio

## Elaboración y comprensión

### A) Preguntas sobre el texto

1. ¿Por qué no se puede decir que el hombre moderno (el «bien pensante») es utópico?
2. ¿Cómo se comporta este «hombre moderno» frente a la miseria, el dolor y la violencia?
3. ¿Cuál es el fin de la vida para este tipo de personas?
4. ¿Qué dice el texto de la ética del hombre actual?
5. ¿Qué dice el texto de la Ilustración?
6. ¿Cómo describe el autor al marxismo?
7. ¿Qué dice el autor de las normas que rigen actualmente la sociedad del «Mercado libre»?
8. El autor habla de una disociación esquizofrénica en el comportamiento del hombre actual.
   ¿En qué consiste esa disociación?
9. ¿De qué acusa el autor a los cristianos y a los «socialistas»?

### B) Léxico y gramática

I Exprese de otra forma las siguientes frases.
1. La terapéutica actual es simple, escéptica y desmovilizadora.
2. La violencia es moneda común en las zonas superdesarrolladas de nuestro Occidente.
3. El «tercio marginal» es algo inherente al sistema.
4. La situación en la que nos encontramos no ha llegado de la noche a la mañana.
5. Los sueños de la razón y las «revelaciones liberadoras» han llevado a Occidente a verdaderos desatinos.
6. El comunismo y sus matizaciones no han sabido o podido superar la prueba de su verificación histórica.
7. El hombre no es una mercancía.
8. Todas las personas deberían atenerse a lo que proclaman de sí mismas.
9. Es posible que no tarde en producirse un «salto mutante» en la conciencia de los hombres.

II Complete las frases con las palabras que siguen.

en lo que ve y toca — a lo suyo — así — criterio moral — de sentimientos — decir — despiadada — destrucción — dividida — donde — realizar – explicarlo todo — felicidad — flores — haber empleado — ideal — naturaleza — para — planificación — proyecto de vida — qué — rasgos — reclama — se escribe — se muere de — se orienta — sí mismo — singular — suerte — un cambio — unos años

**El hombre postmoderno**
La postmodernidad. Mucho se habla y ... en torno al tema. Es un fenómeno de ... interés porque refleja las tendencias fundamentales por ... avanza el hombre y la sociedad y define uno de los ... de la cultura de occidente. Pero y ¿en ... consiste?

Ante todo, es una crítica ... a la modernidad. La crítica por ... la razón, casi exclusivamente para dominar a la ... y al hombre, para intentar saber más y ... poder más, pero ha olvidado la apertura a una verdad más profunda a cerca del hombre y de la vida.

La modernidad intenta ... por medio de la ciencia.

Y a estas alturas, después de ..., comprueba que tanta ciencia nos ha conducido, junto a aspectos indudablemente positivos, a una humanidad ... en un Norte de los superricos y de un Sur que ... hambre, se hunde en el abismo de sus impagables deudas, unido a una progresiva ... de la naturaleza.

Ante estas realidades, la postmodernidad es la reacción ... substituir este uso de la razón, tan totalitario y destructor, por una razón más acompañada ..., de ternura, de amor.

En segundo lugar, la actual tecnología ..., toda ella, al trabajo, a la ..., aunque con miras a obtener una mayor felicidad para el hombre. Pero esta ... no llega, al menos para muchísimas personas.

Y la postmodernidad ... la felicidad ahora, aquí. Quiere ... pero no para el funeral. Y ofrece como solución el ..., en cada momento, lo que a la persona le apetece, agrada, al margen de todo otro ... o ético. Lo único prevalente ha de ser el individuo, el yo.

A grandes rasgos podemos ... que el hombre postmoderno se centra en ... como objeto absoluto de sus complacencias, va ... sin mirar a los de al lado, es escéptico ante las palabras y las promesas y sólo cree ...; cultiva los afectos, pero al no tener un ... coherente es proclive a toda suerte de crisis afectivas.

Este es el hombre que se nos presenta como ..., el que va llenando nuestras calles.

Con un tipo humano así, ¿podremos esperar ... histórico de la sociedad? Pienso que no porque es alérgico a toda ... de compromisos con política, los sindicatos, la empresa, el Estado.

*Javier Osés, Diario del Alto Aragón, 30-07-1989*

III Ponga en estilo indirecto.
1. «Me aburre Falcon Crest. Nunca pongo la radio. Casi nunca escucho la televisión. No sé encender ni apagar un aparato de vídeo. No creo en la viabilidad de la información ni, caso que pudiera existir, me parece deseable. No termino de entender para qué carajo sirven los ordenadores y tengo la impresión de que todo funciona manga por hombro desde que los inventaron».
Un persona de nuestros días declaró ...

2. «No me interesa el dinero. No me interesa la lencería de Martina Chávarri. No me interesa la vuelta a Francia ni el torneo Roland Garros ni el resultado de los partidos de fútbol. No sé rellenar formularios de mostrador de banco».
   También afirmó que ...

3. «Quien juega a la bolsa es un usurero. El rock y el deporte son aficiones de homúnculo y sinónimos de la palabra violencia. Desconfío de todos los sistemas políticos sin excluir el democrático. Jamás pongo los pies en las discotecas. No entiendo a quienes mezclan la música con la vida. No sé abrir los paquetes de celofán de los mercados.»
   Dijo abiertamente que ...

4  «Aborrezco los coches y la velocidad. No leo El País ni, naturalmente soy leído por él. Me repugnan las hamburguesas, la pizza, el pan de molde y las ensaladas exóticas. Estoy en contra del aborto. Nunca he votado. Creo en Dios. Creo en la ley de la jungla. No salgo de noche. Fumo porros, pero detesto el tabaco y la cocaína.»
   Explicó además que ...

IV Empleo del subjuntivo
Übersetzen Sie.
1. Ich will nicht, daß du traurig bist. — 2. Ich hoffe, daß Sie keinen Ärger bekommen. — 3. Sagt ihnen, daß sie ein Taxi nehmen sollen. — 4. Ich bin sehr erstaunt, daß Sie dieses Wort nicht kennen. — 5. Warum hast du mir nicht mitgeteilt, daß du umgezogen bist? — 6. Ich kann mir kaum vorstellen, daß du recht hast. — 7. Er will, daß du es ihm sagst. — 8. Warte hier, bis ich zurückkomme — 9. Schreibe ihm, daß ich im September eine Reise mache. — 10. Ich bezweifle, daß er den Brief geschrieben hat. — 11. Du mußt mehr Geduld haben. — 12. Wenn du zurückkommst, werden wir nicht mehr hier sein. — 13. Es ist wichtig, daß du selbst kommst. — 14. Ich verstehe nicht, daß sie so jung heiratet. — 15. Es war gut, daß sie nicht zu Hause waren.

## Análisis y comentario

1. Resuma en unas quince líneas el contenido del texto.
2. Intente definir con sus propias palabras al «hombre moderno».
3. ¿Qué causas han contribuido, según el autor, a que el «hombre moderno» en la actualidad viva en «un vacío ideológico»?
4. ¿Cómo piensa el autor que se solucionará la crisis de ideales?
5. ¿Está usted de acuerdo con la descripción que el autor nos da del «mundo moderno»?
   Justifique su respuesta.

# VERGÜENZA DE SUS PADRES

Quiero decir públicamente lo que hace tiempo pienso como madre de familia sobre esa prensa sensacionalista, o del corazón como se ha dado en llamar.

Pienso que está destruyendo los valores éticos de los jóvenes. No me refiero a los valores morales que las religiones nos enseñan, me refiero a la moral innata que nos
5 impulsa a hacer el bien tanto a las personas como a las cosas que nos rodean.

De alguna manera se está diciendo: «¡Triunfa!», no importa como sea, se lleva ser rico. Triunfas: te casas, portada-millones; te divorcias, portada-millones; embarazo, portada-millones; abortas, portada-millones.

Los jóvenes, que no son tontos, dicen que pasan de todo eso. Pero creo que no
10 pasan del todo: en la puerta de los bares de moda se ve a niños de no más de quince años con botellas de bebidas alcohólicas en la mano, y si son etiqueta negra mejor. Etiquetas, etiquetas...

Nunca los jóvenes tuvieron más libertad ni nunca fueron más esclavos; esclavos de la droga, esclavos de las etiquetas, esclavos hasta de la manera de hablar (hablan
15 con la boca abierta, que les da un aire de cretinismo).

Son ellos los que tienen que decir en voz alta: «¡Basta ya de utilizarnos para enriquecerse unos cuantos! ¡Queremos ser libres en todo el sentido de la palabra!». Tienen que ser ellos, ya que nosotros – generación que tanto hablamos de libertad – no supimos enseñar a nuestros hijos lo que significaba y degeneró en libertinaje. ¿Qué
20 nos pasó?

Se dice de estas revistas: «Hay mucha mentira, carnaza que venden», pero hay estómagos que no digieren bien. Y vienen las preguntas. ¿Por qué, si no es verdad, no se acude a la justicia?

Queremos una juventud con ilusión, que no pase de nada, que su protesta sea oral
25 (no rompiendo botellas, papeleras o todo los que se encuentre a su alcance), que estudie, que trabaje, que se divierta, que se enamore, que se levante a una hora normal, que visite museos, que lea, que haga deporte, que pasee de día, que pueda tener una casa sin arruinarse, que pueda tener hijos sin esperar a los 30 años, que vote.

No queremos droga, alcoholismo, vaqueros rotos, etiquetas. No queremos ver a
30 los hijos de los famosos en las revistas, con cara de circunstancias y cierta vergüenza de sus padres.

*María Eugenia C. de la Fuente, EL PAIS, 5-2-89*

# Anotaciones

(2) como se ha dado en llamar: como la llaman algunos actualmente — (3) referirse a: hablar de — (4) innato/a: [angeboren] — (5) rodear: [umgeben] — (6) no importa como sea: sea como sea, con medios lícitos e ilícitos — se lleva: está de moda — (7) portada-millones: [Millionen für die Titelseite] — embarazo (m.): [Schwangerschaft] — (8) abortar: [abtreiben] — (9) pasar de: no preocuparse de — (11) etiqueta negra: de

whisky caro — (15) un aire de cretinismo: un aspecto de idiotas — (17) enriquecerse: hacerse rico — (19) libertinaje (m.): falta de respeto a todo tipo de normas — (21) carnaza (f.): [Fleischköder] — (23) acudir a la justicia: denunciar ante los tribunales — (24) oral: de palabra — (25) papelera (f.); aquí: [Müllbehälter] — a su alcance: cerca de ellos — (26) enamorarse: [sich verlieben] — (28) arruinarse: quedarse sin dinero y hacer deudas que no se pueden pagar — votar: participar en la elecciones — (30) cara (f.) de circunstancias: [das passende Gesicht]

# Cuestionario de estudio

## Elaboración y comprensión

### A) Cuestiones sobre el texto

1. ¿Quién es María Eugenia C. de la Fuente?
2. ¿Qué nombre da mucha gente a la prensa sensacionalista?
3. ¿Qué opina la señora de la Fuente de este tipo de publicidad?
4. ¿Qué ha constatado concretamente la autora del texto con referencia a algunos jóvenes?
5. ¿Se puede decir que la juventud actual es libre?
6. ¿Qué dice la firmante de la manera de hablar de algunos jóvenes?
7. ¿De qué se acusa en el texto a la generación de los padres?
8. Comente la frase «hay estómagos que no digieren bien».
9. ¿Qué dice la autora de la protesta de la juventud actual?

### B) Léxico y gramática

I Escriba los substantivos que corresponden a los siguientes verbos.

| | | |
|---|---|---|
| abortar | arruinarse | casarse |
| degenerar | discutir | divertirse |
| divorciarse | enamorarse | enriquecerse |
| estudiar | leer | pasear |
| pensar | significar | vender |
| visitar | votar | digerir |

II Expresión de la condición
Complete las frases.
1. Si [yo] tengo tiempo, te (ayudar). — 2. Si [yo] (tener) tiempo, te ayudaría. — 3. Si hubiese tenido tiempo, te (ayudar). — 4. Si [tú] (trabajar) más, aprobarás el curso. — 5. Si trabajaras más, (aprobar) el curso. — 6. Si [tú] (trabajar) más, habrías aprobado el curso. — 7. Si los padres no tienen «valores», no (poder) (comunicarlos) a sus hijos. — 8. Si [yo] (estar) bien informado, podría tomar más fácilmente una decisión. — 9. Si la Iglesia no hubiese dejado de ser atractiva para los jóvenes, ellos no (buscar) refugio en las sectas. — 10. Si hace sol, [nosotros] (ir) a la playa. — 11. Si (hacer) sol, hubiéramos

ido a la playa. — 12. Si os esforzáis, (conseguir) lo que (querer). — 13. Si [tú] te hubieses esforzado, (conseguir) lo que (querer). — 14. Si (ser) posible, te habría ayudado. — 15. Si un niño no aprende a amar en su niñez, después sólo (saber) (odiar). — 16. Si sus padres (tener) más tiempo para él, ahora no tendría tantos problemas. — 17. Si las parejas jóvenes viesen un sentido en la vida, no (resistirse) a tener hijos. — 18. Si la verdad no existe, nadie (poder) decirla. — 19. Si [yo] lo (saber), te lo habría dicho. — 20. Si los jóvenes no (sentir) un vacío vital, no se refugiarían en las sectas. — 21. Si nuestra generación (enseñar) a los jóvenes a servirse debidamente de la libertad, hoy no habría tantos jóvenes esclavos de las drogas. — 22. Si se acudiese a la justicia, la prensa no (publicar) tantas exageraciones y embustes.

III Ordene las palabras.
1. buen — de — destruye — el — éticos — funcionamiento — imprescindibles — la — La — muchos — para — prensa — principios — que — sensacionalista — sociedad — son
2. bien — conciencia — de — debería — dice — el — haga — humana — la — le — oír — persona — que — que — su — Toda — voz
3. consiguieron — de — entender — esta — hablaron — hacerles — les — libertad — lo — Los — mucho — no — padres — palabra — pero — que — realmente — significaba
4. actualmente — años — crear — de — dependen — económicamente — esperar — familia — hasta — jóvenes — los — Muchos — padres — para — que — sus — tienen — treinta — una — y

IV Dictado preparado

**La etiqueta**

Cuando el chaval dice que quiere comprarse un pantalón, no es un pantalón lo que se quiere comprar, sino una etiqueta.

El buen padre y la buena madre acuden con el chaval a las tiendas de juventud y no salen de su asombro. Observan detenidamente los géneros, los sopesan, los palpan y jurarían que aquellas telas son las mismas que se ponían los labradores 20 años atrás para regar sus huertas y los pastores para cuidar las cabras en el monte.

Sin embargo, a los chavales eso les trae sin cuidado. El pantalón que quieren comprarse los chavales no tiene nada que ver con texturas ni con urdimbres ni con aprestos. Lo importante es la etiqueta. No una etiqueta cualquiera, sino la que debe ser; que luzca destacada sobre las posaderas pues constituye el signo distintivo de su cabal integración en el grupo.

Que luego el pantalón sea un trapo o tenga agujeros es igual. Mejor dicho: debe tener agujeros y ser un trapo. Los chavales modernos repudian toda manifestación de elitismo, abominan de aquella sociedad hipócrita y caduca en la que sus padres, entonces jóvenes (si es que a los padres se les concede la merced de haber sido jóvenes alguna vez), disfrazaban su verdadera naturaleza y condición vistiendo ropas bien confeccionadas, planchadas y limpias, si había con qué comprarlas (que no solía haber, por cierto).

Los chavales, que desprecian aquellos prejuicios burgueses, se han rebelado contra la dictadura de la pulcritud y el aseo, y desarrollan su personalidad vistiendo de mendigos. En realidad visten todos iguales y parece el uniforme; por el precio de ese uniforme, los mendigos verdaderos comerían una semana, y encima van anunciando gratis al fabricante con la etiqueta pegada al culo. Pero es así como se sienten libres, ¡libres! Angelicos míos.
*Joaquín Vidal, EL PAIS, 16-6-1992*

## Análisis y comentario

1. Resuma y estructure el contenido del texto.
2. Enumere los aspectos negativos de nuestra sociedad que se nombran en el texto.
3. Comente la frase «Nunca los jóvenes tuvieron más libertad ni nunca fueron más esclavos».
4. La autora habla de una «moral innata» y una «moral religiosa».
   ¿Cree usted que se puede hacer una distinción de tal tipo?
   Justifique su respuesta.
5. Enumere y comente los recursos estilísticos de los que se sirve la autora del texto.

# EL PELO

Si las teorías de Marañón siguen vigentes, vamos de cabeza hacia una era clásica, austera, conservadora. Y digo lo de cabeza en el sentido literal de la palabra. Recordarán que el ilustre doctor daba al pelo una importancia que iba bastante más allá del puramente biológico o decorativo, para convertirlo en símbolo externo de la era que corría. Los cabellos cortos representaban etapas clásicas, rigurosas, disciplinadas. Los cabellos largos, etapas románticas, anárquicas, revolucionarias. Otro autor, creo que fue Guillermo Díaz Plaja, tomó la idea y la convirtió en «épocas apolíneas y épocas dionisíacas», que viene a ser lo mismo, pero suena mejor. Todo ello, naturalmente, para los hombres, pues las mujeres se supone, o suponía, que llevan siempre el pelo largo. Lo que tal vez sea una suposición exagerada, dada la velocidad que han tomado los acontecimientos y los cambios que se dan en ellas.

En cualquier caso, supongo que se habrán fijado que los chicos de entre diez y veinte años, o sea, la última generación que llega, llevan prácticamente todos ellos el pelo, no ya corto, sino cortísimo. El corte de pelo que se ha puesto de moda entre ellos es el que allá en mi lejana juventud llamábamos el «de cepillo», consistente en dejar dos dedos enhiestos sobre la frente e ir decreciendo su altura hasta que a partir de medio cráneo empieza a estar totalmente rapado. Excepto el pelo «al cero», no hay nada más clásico, más riguroso, más apolíneo en cuanto a cortes de pelo masculino que éste. Es por lo que digo que vamos hacia una época conservadora, si don Gregorio Marañón sigue aún vigente, que posiblemente lo siga en esto como en tantas otras cosas.

Hay otros signos de que es así. Estos chicos practican deporte, estudian económicas o informática, hablan dos o tres idiomas y se ríen de sus padres. Sus padres se reían del deporte, habían estudiado o cultivado la política, y llevaban, y muchos aún llevan barba. Lo que ya no pueden llevar muchos de ellos era aquella cabellera que cultivaron hace veinte años, casi como un signo de rebeldía, pues se la han llevado el tiempo y la alopecia. Pero conservan la barba como aquel estoico conservaba la flecha clavada en su costado, acariciándola de tanto en tanto. Si intentaran convencer a sus hijos de que dejaran de afeitarse, sus hijos le darían un rotundo no, tal vez acompañado con un lastimoso: «Pero papa, ¡qué carroza estás hecho! ¿No sabes que la barba no la lleva hoy nadie?» Y, en efecto, la barba no la lleva hoy nadie de menos de veinte años.

Estos mismos chicos se ríen de las ideas políticas de su padre, que tiene que estar constantemente defendiéndose y diciendo que los escándalos son invenciones de los periodistas o que Felipe, al que él llegó a conocer, es honrado, pero no le cuentan lo que está ocurriendo alrededor. Los chicos sonríen al oírle y se largan sin decir adónde van, porque en eso son iguales todas las generaciones, clásicas o románticas: a ninguna le da por informar a sus progenitores del destino de sus salidas.

Es ésta una generación que prácticamente lleva toda su vida consciente bajo la democracia, lo que quiere decir que no tiene por ella aquel sentido reverencial, litúrgico casi, de las anteriores que sólo la había añorado. Es una generación que ha crecido oyendo hablar de escándalos y que llegó a la mayoría de edad con el desplome del muro berlinés y el fin de todas las utopías. Nada de extraño que sea una generación

práctica, pegada a la tierra, que prefiere el cálculo a la literatura y que se deja corto el pelo, entre otras cosas, porque así puede nadarse mejor, se lava antes y no se queda
45 enredado en nada, conforme se avanza en la vida. Aunque la principal razón de que se lo corten es para diferenciarse de sus padres.

*José María Carrascal, ABC, 17-8-1991*

# Anotaciones

(1) Marañón: famoso médico español que nació y murió en Madrid (1888-1960) — ir de cabeza: ir directamente — (2) austero/a: severo/a [streng] — literal: [wörtlich] — (5) era (f.) que corre: época determinada — riguroso/a: severo/a — (7) Guillermo Díaz Plaja: conocido crítico literario de nuestros días — (8) sonar: [klingen] — (9) suponer: [voraussetzen] — (11) acontecimientos (m.p.): sucesos — (12) fijarse: notar, darse cuenta — (16) enhiesto/a: [steil] — decrecer: disminuir, bajar — (17) cráneo (m.): [Schädel] — rapado/a: [kahlgeschoren] — al cero: totalmente rapado — (20) seguir vigente: tener vigencia, ser todavía actual — (25) cabellera (f.): melena [Mähne] — (26) rebeldía (f.): rebelión, oposición radical — (27) alopecia (f.): [Haarausfall] — flecha (f.): [Pfeil] — (28) acariciar: [streicheln] — de tanto en tanto: de vez en cuando [ab und zu] — (29) afeitarse: cortarse la barba — (30) ¡Qué carroza estás hecho!: ¡Qué antiguo eres! — (34) Felipe: Felipe González, presidente del Gobierno Español — honrado/a: [ehrenhaft] — (35) largarse: irse, desaparecer — (37) progenitores (m.p.): padres — (40) añorar: desear [sich sehnen nach] — (41) desplome (m.): caída — (44) nadar: [schwimmen] — antes; aquí: más rápidamente — (45) enredado/a: [verfangen]

# Cuestionario de estudio

## Elaboración y comprensión

### A) Preguntas sobre el texto

1. ¿Quién fue don Gregorio Marañón?
2. ¿Qué simbolizaba para Marañón la forma de llevar el pelo?
3. ¿A qué hacen referencia los pelos cortos y los pelos largos en los seres de género masculino?
4. ¿Se puede decir lo mismo de las mujeres?
5. ¿Cómo llevan el pelo los jóvenes de hoy?
6. ¿Cómo se puede interpretar este hecho?
7. ¿A qué se dedica preferentemente la juventud de hoy?
8. ¿Se puede decir lo mismo de la generación de sus padres?

9. ¿Qué piensa la juventud de hoy de las ideas de sus padres?
10. ¿Cómo justifican los padres los escándalos y corrupciones políticas frente a sus hijos?
11. ¿Qué tienen en común las dos generaciones referente a las «salidas»?
12. ¿Por qué no tiene la palabra democracia para la nueva generación el sentido casi mítico que tuvo para la anterior?
13. ¿A qué utopías se refiere el autor en la línea 42?
14. ¿Por qué razones se cortan los jóvenes el pelo muy corto?

### B) Léxico y gramática

I Escriba y traduzca los contrarios de las siguientes palabras.

| | | | |
|---|---|---|---|
| carroza | conocido | consciente | conservador |
| convencer | decrecer | determinado | directamente |
| disciplinado | exagerado | externo | hablar |
| honrado | invención | juventud | largo |
| literal | perfecto | posible | práctico |
| principal | rebeldía | saber | salida |
| subir | último | velocidad | prudencia |

II Ponga los verbos en las formas convenientes.

Antes las cosas (ser) de otro modo; tan distintas que, a veces, (lamentar) [nosotros] el tiempo pasado con sus cambios inmisericordes. (...)

Antes, la gente (comer) harinas que (engordar) para (tener) ese aspecto saludable que las abuelas (llamar) lustre; ahora (comprar [nosotros]) «light» para (cuidar) la figura y (contener) los michelines.

Antes, en la postguerra, el pan moreno (ser) sucedáneo de escasez y no (haber) más remedio que (aprovechar) hasta el salvado del trigo; ahora le (llamar) pan integral y, además de ser más caro, (decir) que (tener) no sé cuántas virtudes nutritivas y digestivas; y la gente (acudir) a las «boutiques» del pan que se (parecer) más a las farmacias que a los ultramarinos.

Antes – pongamos en los sesenta – [nostros] nos (pelear) con nuestros padres y con los maestros por (llevar) el pelo largo y haciendo juego con las greñas, por (vestir) de pana gastada o camisas de color incierto. (Ser) un modo de estar contra todo, particularmente contra los adultos; ahora no sólo [nosotros] (llevar) el pelo atildado o (hacer) de la corbata una cuestión esencial, sino que algunos jóvenes no (sentir) ningún remordimiento por (parecerse) a nosotros ...

Antes los niños a los catorce años (jugar) a las canicas, (ruborizarse) si al salir de la escuela (ver) a la vecina que les (hacer) tilín y (mirar) los modelos de los adultos con una mezcla de deseo de crecer y lejanía. Ahora nos (mirar) por encima del hombro, y ni (ruborizarse) ni (andar) en pantalones cortos. Y si les (dar) por jugar a las canicas lo (hacer) en el «pub», el viernes por la noche, y a mil pelas el «gua».

Antes (ser) de mal gusto que se (ver) la etiqueta de la ropa, y (quedar) mal los rotos y los remiendos; ahora no sólo [nosotros] (pagar) más si una prenda (tener) una vistosa etiqueta de marca; sino que somos capaces de (lucir) un roto («de diseño», por favor).

Antes, quien (ignorar), (preguntar); el que no (saber) leer (avergonzarse) y (hacer) del amor propio un aliciente para arrastrar las sílabas como fuera; quien no (saber) (tener) el buen gusto de no (opinar). Hoy [nosotros] (ver) a ignorantes – estudiados y no estudiados – sentando cátedra sin ninguna humildad, argumentando que todas las opiniones (ser) válidas, como si no (haber) diferencia entre el jamón ibérico y la carne perrona que te sirven por ahí.

Antes los vecinos (saludarse), a los que (buscar) una dirección o (preguntar) por alguien se les (indicar) ...; ahora, además de (ignorar) a los inquilinos de tu misma escalera, si te (acercarse) un desconocido [tú] (fruncir) el ceño pensando en lo que te (ir) a vender o [tú] (apretar) la cartera porque le (ver) un no sé qué sospechoso.

En fin, a lo mejor la cuestión no es el antes y el ahora; sino lo de siempre: unos tanto, otros tan poco.

*Luis Sánchez Noriega, Noticias Obreras, 1-6-1993*

III Expresión del tiempo
Ejemplo:
Conduzco desde hace tres horas. Llevo tres horas conduciendo.
1. Vive en Madrid desde hace tres años.
2. Esperamos desde hace dos horas.
3. Hablan del control de la polución desde hace tres años.
4. Están de vacaciones desde hace quince días.
5. Lee el periódico desde hace tres horas.
6. Buscamos una mesa como ésta desde hace tres semanas.
7. Va detrás de ella desde hace más de dos años.
8. Intentan hablar con él desde hace cuatro días.

IV Traducción

**Progresista**

En su época este hombre fue un progresista de molde. Usó barba y morral de apache, encendedor de mecha y cincho de la contracultura; se vistió de nudista con el lino de Ibiza, amó la libertad tanto o más que a los pepinillos de Bulgaria y tuvo una novia holandesa que se adornaba con harapos de muselina, y con ella peregrinó a Kanmandú. En aquel tiempo de incienso y «napalm» este hombre también quería cambiar el mundo, e incluso concibió un sueño revolucionario, pero el plan quinquenal sólo lo adoptó para cultivar marihuana en una maceta. Pasó directamente del corazón de Jesús al corazón de Mao, y de éste al de Krishna Murti; aunque la dictadura le había obligado a hacer un «master» de tres meses en Carabanchel, donde recibió la bendición de Camacho y trató a algunos presidiarios que luego llegaron a ministros. Lo sabía todo de las tribus del Amazonas. Engendró un hijo quemando nueces de sándalo mientras Franco expiraba, y entonces se le vio bajo las nubes de los gases lacrimógenos en el culo de saco de la historia. Después vino la democracia, y el rastro de este progresista se perdió. Amigos suyos se convirtieron en banqueros, diputados, jefes de empresa, y él pudo haber sido uno de ellos, pero se esfumó y no ha aparecido hasta la semana pasada.

Ahora tiene casi 50 años y no es exactamente un mendigo madrileño, aunque se gana la vida en la puerta de una iglesia del barrio de Salamanca, ayudando a subir los peldaños del templo a las ancianas de visón que acuden a misa. Las recibe en la calle al pie de la escalinata, les ofrece el brazo sonriendo y a continuación, con suma delicadeza, se las lleva en volandas hasta el cancel, y allí recibe de ellas un óbolo que no es una limosna. Con tesón ha logrado hacerse con una clientela fija compuesta de marquesas y viudas de general que requieren sus servicios porque este hombre es limpio, galante y de barba blanca. Quería cambiar el mundo, y en el morral ahora lleva una navaja ecológica. Mientras los socialistas se pasan a los nacionales, aquel progresista hoy es un introductor de beatas.

*Manuel Vicent, EL PAIS, 12-3-1989*

## Análisis y comentario

1. Resuma y estructure el contenido del texto.
2. Describa y compare a las dos generaciones que se nombran en el texto.
3. ¿Qué significado tiene la barba para la generación de los más adultos?
4. El autor describe a los jóvenes como una generación «pegada a la tierra».
   Explique lo que quiere expresar con esta metáfora.
   ¿Comparte usted su opinión?
   Justifique su respuesta.

# HIJO DE MADRE

*Francisco García Pavón*

Ocurrió el primer día de aquel curso, que fue el último del Colegio de la Reina Madre, porque al año siguiente pusieron el Instituto.

Don Bartolomé, después de repartirnos los libros flamantes que llegaron de Ciudad Real en un cajón grande, nos ordenó que nos estudiásemos la primera lección de todos los textos.

En el «estudio» había un gran silencio. Nos distraíamos en manosear los nuevos manuales, en ver las figuras, en forrarlos, en poner nuestro nombre.

Don Bartolomé, luego de repasar las facturas de la librería con su hija, mandó sacar el cajón a los mayores y se puso a leer el ABC a la luz otoñal que regalaba la ventana.

De pronto se abrió la puerta del salón y Gabriela, la criada, gritó sin entrar:

—Ahí está una mujer que viene a poner a su hijo al colegio. ¿Entra?

Don Bartolomé dijo que sí con la cabeza, y con el ABC suspendido, quedó mirando hacia la puerta.

Apareció una mujer atemorizada, muy rubia, algo entrada en carnes. Llevaba un niño de la mano, como de doce o trece años.

—Pase, señora— dijo don Bartolomé poniéndose en pie.

Cruzó todo el salón, muy seria, con la cabeza rígida, mirando hacia el frente. Al saludar a don Bartolomé, hizo así como una inclinación.

La hizo sentar junto a sí. El niño quedó en pie mirando hacia todos nosotros con sus ojos casi traslúcidos.

Ella empezó a hablar en voz muy bajita, casi al oído de don Bartolomé. (Uno de los mayores se ponía las manos en la boca para que no se le oyese reír.)

De todas formas, como el silencio era muy grande, ella cada vez hablaba en voz más queda.

—Diga, diga, señora.

Don Bartolomé se hacía pantalla en la oreja para oír mejor.

Luego se cortó la conversación. El profesor quedó pensativo, con la mejilla descansando en la mano. Ella lo miraba inmóvil, con las manos tímidamente enlazadas, diríase que suplicantes.

Don Bartolomé se rascó una oreja y, casi de reojo, echó una ojeada por todo el salón, especialmente dirigida a los mayores, que seguían riendo y cuchicheando entre sí.

Don Bartolomé, luego, levantó la cabeza hacia el techo, así como rezando, y, a poco, volvió a la conversación en voz muy baja.

Al cabo de un ratito más, ella sonrió, con los ojos casi llorosos. Abrió el monedero, sacó unos cuantos duros de plata y los dejó sobre la mesa. Don Bartolomé le extendió un recibo y se guardó los duros en el bolsillo del chaleco.

Se pusieron en pie. Don Bartolomé acarició la cabeza dorada del niño y le dijo que se sentase en un pupitre vacío que había junto a su mesa. La señora dio un beso al hijo, que se sentó en el pupitre cruzando los brazos sobre la tabla.

Don Bartolomé acompañó a la mujer, que iba sonriente, hasta la puerta del estudio.

Se atrevió a mirar a los mayores y todo. Uno le sacó la lengua.

Como a la madre le llamaban la Liliana, al hijo le dijimos Lilianín ... Su cabeza era como la de un angelote de madera antigua, policromada, un poco desvaídos los colores. Miraba con sus ojos azules muy fijamente, sin pestañear, al tiempo que sonreía casi mecánico, como si cuanto oyese fuese benigno y paternal. A lo que se le preguntaba contestaba en seguida, sin titubeos ni disimulos. Hasta cuando estudiaba álgebra sonreía angélico. Y decía las lecciones más obtusas con aquel aire sensitivo.

Durante los primeros días nadie le dijo cosa mayor de su madre. Pero tenía que llegar, porque en seguida, hasta los mocosos, nos enteramos de que «alternaba» en casa del Ciego. Y allí vivía con ella, y en su mismo cuarto, Lilianín.

El, si sabía sus males, lo disimulaba o le parecían naturales, porque no tenía reparo en acercarse a todos, en entrar en conversación, en jugar a todas las cosas. Pero nosotros lo mirábamos como si fuera un ser de otra raza.

Nadie lo culpaba de estar entre nosotros, hijos de madre y padre. Las culpas eran para don Bartolomé, «que, por su avaricia, un día iba a admitir en el colegio al *Tonto de la Borrucha*», como dijo uno.

*El Coleóptero*, con su sonrisa de bruja joven, gustaba de hacerle preguntas con retranca, que Lilianín respondía abiertamente. El fue el primero en informarnos de que Lilianín «lo contaba todo». («Vivía la vida lupanaria en toda su intensidad ... Está al cabo de la calle del comercio de la carne ... con esa sonrisa inocente. Sabe el oficio de su madre y le parece corriente. Este niño es completamente irreflexivo. Me ha dicho hoy...»)

Tanto bando puso *el Coleóptero*, que a todos nos entraron grandes ganas de preguntarle...

Y un día, a la hora del recreo de la mañana, se formó un gran corro en el rincón del patio. Y no sé por qué, todos los del corro estábamos en cuclillas o sentados en el suelo menos Lilianín, que, en el centro, estaba en pie. Nos miraba sonriendo, como siempre, con sus ojos espejeantes y limpísimos de toda reserva.

Cada cual le hacía una pregunta en voz media, que él, en contraste, respondía a toda voz, como si dijera la lección, con orgullo:

—¿Y pasan muchos hombres al cuarto de tu mamá?

—Sí, muchos. Sobre todo por la noche.

—¿Y qué hacen?

—No sé. Se desnudan.

—¿ ... y luego?

—No sé. Yo me duermo.

—¿Y tu mamá qué les dice?

—Les habla de mí y de mi papá, que fue un novio que tuvo y nos dejó, y por eso ella vive sola conmigo.

—¿Y le pagan ?

—Sí. Le dan mucho dinero.

Cada vez las preguntas eran más recias. Pero él sonreía igual.

Por fin, uno moreno, de muy mal genio, que luego lo mataron en la guerra, dijo mirándole a los ojos con cara de perro:

—Tu mamá lo que es es una puta.

Lilianín, riendo un poquito menos, movió la cabeza como diciendo que no, y luego, en voz más baja:

— Mi mamá es mi mamá y nada más.

90 Se hizo un silencio muy grande, de reproche al chico moreno, y por encima de todas las cabezas, la sonrisa de Lilianín.

Se oyó la voz de don Bartolomé desde la otra <u>punta</u>:

—¡Niños, a clase!

Fuimos <u>callados</u>, cada cual por su lado. Lilianín delante de todos. Don Bartolomé, 95 que <u>olfateó</u> algo, le echó la mano sobre el hombro.

—¿Estás contento?

—Sí, señor.

—¿Se portan bien los compañeros contigo?

—Conmigo, sí, señor... Con mi mamá, no.

100 Don Bartolomé se volvió a todos, como si fuese a hablarnos. Con los ojos muy tristes nos miró con calma. Creí que iba a llorar. Estuvo a punto de <u>despegar</u> los labios, pero luego hizo un gesto como de <u>arrepentirse</u>.

Volvió a poner la mano en el hombro de Lilianín, y entramos en el salón de estudio.

Cada cual ocupó su puesto. Don Bartolomé tomó su viejo libro de geografía y 105 empezó a leer junto a la estufa. Lilianín, en el pupitre más próximo a él, se aprendía las lecciones de memoria, mirando al techo y moviendo mucho los labios.

Nunca hubo mayor silencio en el estudio de don Bartolomé.

*Cuentos completos, Alianza, 1981*

# Anotaciones

(1) ocurrir: tener lugar, suceder — (2) pusieron el Instituto: abrieron una escuela de enseñanza media — (3) repartir: dar, distribuir — flamante: nuevo/a — (4) cajón (m.): [Kiste] — (6) estudio (m.): sala de clase [Klassenzimmer] — manosear; aquí: hojear [blättern] — (7) manual (m.): libro de texto [Lehrbuch] — forrar: [einbinden] — (8) repasar: leer y controlar [überprüfen] — (9) que regalaba la ventana: que entraba por la ventana [welches das Fenster spendete] — (12) suspendido; aquí: todavía en las manos [hoch haltend] — (14) atemorizado/a: con miedo — entrado/a en carnes: gordo/a — (17) rígido/a: [steif] — (18) inclinación (f.): [Verbeugung] — (20) traslúcido/a: trasparente — (24) quedo/a: bajo/a [leise] — (26) hacerse pantalla: ponerse la mano — (27) mejilla (f.): [Wange] — (28) enlazado/a: cruzado/a [gefaltet] — (29) suplicante: [flehend] — (30) rascar: [kratzen an] — de reojo: [flüchtig] — ojeada (f.): mirada — (31) cuchichear: hablar en voz baja — (33) rezar: orar [beten] — (36) duro (m.): moneda de cinco pesetas — extender; aquí: escribir y dar — (37) chaleco (m.): [Weste] — (38) acariciar: [streicheln] — (39) pupitre (m.): mesa donde están sentados los alumnos — (43) decir; aquí: llamar — (44) angelote (m.): pequeño ángel — desvaído/a: pálido [verblaßt] — (54) sin pestañear: [ohne mit der Wimper zu zucken] — (46) benigno/a: bienintencionado/a —

(47) titubeo (m.): [Zögern] — disimulo (m.): [Ausflucht] — (48) obtuso/a; aquí: difícil, complicado/a — (50) mocoso (m.): más pequeño — alternar: tener relaciones [verkehren] — (52) disimular; aquí: hacer como que no se sabe — no tener reparo: no tener dificultad — (55) culpar de: [vorwerfen] — (56) avaricia (f.): codicia [Habsucht] — (58) bruja (f.): [Hexe] — con retranca: con intención oculta [verfänglich] — (60) lupanario/a: de la prostitución — estar al cabo de la calle: estar bien informado/a — (64) bando (m.): [Aufheben] — (66) corro (m.): grupo — (67) patio (m.): recreo, pausa — estar en cuclillas: [hocken] — (69) espejeante: claros como un espejo [Spiegel] — (71) orgullo (m.): [Stolz] — (75) desnudarse: quitarse la ropa [sich ausziehen] — (83) recio/a: duro/a, atrevido/a [zudringlich] — (84) de mal genio: bastante malo — (86) puta (f.): [Hure] — (92) punta (f.): lado — (94) callado/a; aquí: sin hablar —(95) olfatear: darse cuenta de [riechen] —(101) despegar: abrir — (102) arrepentirse: [bereuen]

# Cuestionario de estudio

## Elaboración y comprensión

### A) Preguntas sobre el texto

1. ¿Quién era don Bartolomé?
2. ¿Dónde se encontraba en aquella mañana?
3. ¿Qué había llegado de Ciudad Real?
4. ¿Qué tenían que estudiar los alumnos?
5. ¿Qué hacía don Bartolomé mientras los alumnos estudiaban?
6. ¿Por qué se abrió la puerta?
7. ¿Quién entró en el salón?
8. ¿Qué edad tenía el niño?
9. ¿Por qué hablaba la mujer cada vez más bajo?
10. ¿Qué dejó la madre sobre la mesa?
11. ¿Dónde se sentó el niño?
12. ¿Qué nombre le pusieron al niño sus compañeros?
13. ¿Por qué le pusieron este nombre?
14. ¿De qué se enteraron todos sus compañeros?
15. ¿Quién era el Coleóptero?
16. ¿De qué informó este muchacho a sus compañeros?
17. ¿Por qué tenían todos ganas de hacer preguntas a Lilianín?
18. ¿Qué dijo el moreno de mal genio al hijo de Liliana?
19. ¿Qué le respondió el niño?
20. ¿Qué preguntó don Bartolomé a Lilianín?
21. ¿Qué le respondió Lilianín?
22. ¿Cuál fue la reacción del profesor?
23. ¿Qué hizo don Bartolomé tras entrar al salón de estudio?

## B) Léxico y gramática

I Forme dos palabras de la misma familia y tradúzcalas.

| | | | |
|---|---|---|---|
| atentamente | abrir | acompañar | admitir |
| atemorizado/a | centro | claramente | culpa |
| diferencia | difícil | disimular | distribuir |
| escribir | especialmente | estudio | figura |
| formar | habituar | hablar | informado/a |
| intenso/a | leer | limpio/a | natural |
| pensativo | poner | reproche | siguiente |
| silencio | sólo | sonrisa | suplicante |
| suspender | temor | ver | viajar |

II Ponga las frases en el presente.
1. Don Bartolomé les distribuyó los libros que habían llegado de Ciudad Real y les dijo que estudiasen la primera lección de todos los libros de textos.
2. El maestro se puso a leer el ABC a la luz del sol que entraba por la ventana.
3. De pronto se abrió la puerta y la criada le dijo que había llegado una mujer que quería poner a su hijo en el colegio.
4. Don Bartolomé se rascó la oreja y echó una mirada por todo el salón. Los mayores dejaron de reír y cuchichear.
5. La madre sonrió, sacó unos duros del monedero y los dejó sobre la mesa. Don Bartolomé le dio un recibo y se puso los duros en el bolsillo del chaleco.
6. El niño se sentó en un pupitre vacío que había junto a la mesa del maestro.
7. Al Coleóptero le gustaba hacerle preguntas con segunda intención y Lilianín respondía abiertamente.
8. Don Bartolomé colocó su mano sobre el hombro de Lilianín y los alumnos entraron en el estudio. Cada cual ocupó su puesto. Don Bartolomé cogió el libro de geografía y empezó a leer.

III Ponga en el estilo directo el fragmento que va de la línea 70 a la línea 91.

IV La negación (Repaso)
Responda negativamente empleando «nada», «nadie», «nunca», etc.
1. ¿Aún tienes frío? — 2. ¿Ha estado usted alguna vez en Pamplona? — 3. ¿Vais a invitar a algún compañero? — 4. ¿Has visto a alguien? — 5. ¿Le dirás algo? — 6. ¿Les has vito por alguna parte? — 7. ¿Llevas un sello? — 8. ¿Me ha llamado alguien por teléfono? — 9. ¿Nos quieres acompañar? — 10. ¿Quieres beber algo? — 11. ¿Ya conoces París? — 12. ¿Te han al menos saludado? — 13. ¿Tienes alguna idea de lo que podemos hacer esta tarde? — 14. ¿Has ido ya en avión? — 15. ¿Están todos contentos? — 16. ¿Entiendes algo de política? — 17. ¿Has comprado periódicos? — 18. Yo no sé adónde han ido. ¿Lo sabes tú? — 19. ¿Has hablado de esto con alguna de tus amigas? — 20. ¿Conoces a alguien de este barrio? — 21. ¿Has ganado alguna vez en la lotería? — 22. ¿Te ha dicho por lo menos a qué hora va a volver?

## Redacción
Resuma en unas veinte o veinticinco líneas el contenido del texto evitando el empleo del discurso directo.

# III
# ¿LA LEY DE LA CALLE?

# TRIBUS URBANAS

Nadie sabe qué motivos últimos los llevan a <u>adoptar</u> actitudes tan radicales. Son jóvenes, muchas veces sin ideología y otras con la violencia como única razón de vivir. Nuestros <u>vecinos comunitarios</u> saben bien de sus <u>disturbios</u>, pero hay casos, como el protagonizado en la <u>localidad leridana</u> de Tárrega el fin de semana pasado,
5 en los que sólo es posible preguntarse por qué ante la violencia incomprensible de cerca de 200 jóvenes, <u>alterados</u> por el alcohol y la <u>supresión</u> de un concierto de rock. (...)

Ocurrió en Tárrega (Lérida) el fin de semana pasado, pero el enfrentamiento entre grupos de jóvenes y Policía podía haberse dado en cualquier otro lugar de España. La
10 supresión de un concierto de rock fue lo que <u>desató</u> la <u>batalla campal</u> en la localidad leridana. Numerosos comercios sufrieron destrozos, así como el propio <u>vestíbulo</u> del Ayuntamiento y el <u>rosetón</u> de la iglesia parroquial. Lo que comenzó con una masiva asistencia de público a las <u>fiestas patronales</u> de Tárrega terminó con la detención por parte de los agentes de la Guardia Municipal y los <u>mossos de escuadra</u> de 86 jóvenes,
15 de los que 17 <u>ingresaron en prisión</u>.

La agresividad y violencia latentes en la sociedad, la frustración de grupos sociales – en este caso jóvenes – que no encuentran otra alternativa que la violencia para <u>dar rienda suelta</u> a sus inquietudes son, para el sociólogo y catedrático de la Universidad Complutense Juan Díez Nicolás, la razón fundamental de este tipo de <u>conductas</u>. Y
20 España aún no ha llegado a los índices de vandalismo juvenil al que están acostumbrados nuestros vecinos comunitarios, como Francia, Alemania o Gran Bretaña.

Quiénes son y qué les <u>incita</u> a comportarse de esta forma violenta, nadie lo sabe con toda certeza. Lo que sí se les ha dado ya es un nombre oficial. Son las llamadas «tribus urbanas». Algo que el sociólogo Díez Nicolás define como «una respuesta de
25 individuos socialmente aislados en una sociedad masificada ante la necesidad de identificarse con un grupo de iguales». No se trata, por tanto, de evasión social, sino, por el contrario, de <u>búsqueda</u> de integración social en pequeños grupos de individuos con problemas y aspiraciones <u>similares</u>. Características como barrio de residencia, etnia o raza, clase social, forma de vestir o gustos musicales sirven para agrupar y
30 diferenciar unas «tribus» de otras.

Para José P., un joven «roller» de 18 años, patinar no sólo es una evasión, es «todo un estilo de vida». «Mido más de un metro y noventa centímetros. Dos metros con cinco centímetros con los patines puestos», comenta orgulloso. (...)

*Rumualdo Izquierdo, EL INDEPENDIENTE, 15-9-1991*

# Anotaciones

(1) adoptar: tomar [annehmen] — (3) vecinos comunitarios: vecinos de la Comunidad Europea —disturbios (m.p.): [Straßenunruhen] — (4) localidad leridana: municipio de la provincia de Lérida (Cataluña) — (6) alterado/a: [aufgeregt] — supresión (f.): [Streichung] — (8) ocurrir: suceder, tener lugar — (10) desatar: originar [entfachen] — batalla (f.) campal: [Feldschlacht] — (11) vestíbulo (m.): atrio [Vorhof] — (12) rosetón (m.): [Rosette] — (13) fiestas (f.p.): patronales: fiestas de la ciudad [Patronatsfest] — (14) mossos (m.) de escuadra: policía de la Comunidad Autónoma de Cataluña — (15) ingresar en prisión: ser detenido, ser encarcelado — (17) dar rienda suelta: [freien Lauf lassen] — (19) conducta (f.): comportamiento, manera de actuar — (22) incitar: estimular — (27) búsqueda (f.): substantivo de buscar — (25) similar: semejante [gleichartig]

# Cuestionario de estudio

## Elaboración y comprensión

### A) Preguntas sobre el texto

1. ¿Dónde tuvieron lugar los sucesos de los que habla el texto?
2. ¿Por qué cometieron los jóvenes los actos de violencia?
3. ¿Qué destrozaron los jóvenes?
4. ¿Quién detuvo a los jóvenes?
5. ¿Cómo explica Juan Díez Nicolás este tipo de comportamientos?
6. ¿Qué nombre se le ha dado a estos grupos?
7. ¿Qué pretenden estos grupos con su comportamiento?

### B) Léxico y gramática

I Escriba los verbos que corresponden a los siguientes substantivos.

| | | |
|---|---|---|
| actitud (f.) | agresividad (f.) | aislamiento (m.) |
| asistencia (f.) | aspiración (f.) | búsqueda (f.) |
| comienzo (m.) | conducta (f.) | definición (f.) |
| destrozo (m.) | disturbio (m.) | enfrentamiento (m.) |
| evasión (f.) | frustración (f.) | ingreso (m.) |
| inquietud (f.) | integración (f.) | motivo (m.) |
| protagonismo (m.) | residencia (f.) | respuesta (f.) |
| supresión (f.) | diferenciación (f.) | incitación (f.) |
| causa (f.) | desintegración (f.) | resistencia (f.) |
| pretensión (f.) | detención (f.) | nombre (m.) |

II Complete en texto siguiente.

consumo — detenidos — días — en el — en el futuro — ha ordenado — indignación — la actuación del — la detención — para evitar — población — por — proteger — que — se iniciaron — se unieron — supresión — una auténtica batalla campal — fue lo que provocó

Jesús Navarro, juez de Cervera, ... el ingreso en la prisión de Lérida-1 de 17 de los 89 jóvenes ... en la madrugada del domingo, tras arrasar el centro de la vecina ... de Tárrega. Los incidentes, que han causado ... entre los vecinos de Tárrega, ... sobre las tres de la madrugada del domingo tras ... grupo teatral Artristras dentro de la «Fira de Teatre al Carrer» (muestra de teatro en la calle), que se celebra estos ... en la ciudad. La Policía Local fue requerida para ... a los componentes de esta compañía, cuyo vehículo había quedado bloqueado ... unas 20 personas. La presencia policial y ... de uno de los provocadores del alboroto encrespó los ánimos y, a continuación, centenares de jóvenes ... al grupo y desafiaron a los agentes, los cuales tuvieron que refugiarse ... Ayuntamiento, ante cuyo edificio se desencadenó ... . Algunos establecimientos comerciales fueron saqueados y el mobiliario urbano quedó arrasado. La ... de los recitales de rock por la organización de la Fira, que otros años se habían celebrado, y el elevado ... de alcohol ... los incidentes, según han declarado compañeros de los detenidos. Frederic Roda, director del certamen teatral, cree ... lo ocurrido hay que interpretarlo como una vacuna para que ... se tomen medidas ... unos hechos que ya se presagiaban en las últimas ediciones de la Fira.

Lluís Visa, EL PAIS, 10-9-1991

III Ponga las frases en pasiva.
1. Los jóvenes adoptaron actitudes que eran extremamente radicales. — 2. Habían suprimido un concierto de Rock. — 3. Habían destruido el rosetón de una iglesia. — 4. La red delictiva que la policía detuvo estaba formada por ocho personas. — 5. Detuvieron e ingresaron en prisión a tres jóvenes. — 6. En una reyerta de dos bandas rivales de jóvenes nacionalistas mataron a un policía. — 7. Los manifestantes acusan al Gobernador de no preocuparse del problema. — 8. Una persona que vivía en España desde hacía muchos años dirigía la organización. — 9. Requirieron a las Fuerzas del Orden Público para que calmaran la situación. — 10. No habían interrogado a los detenidos. — 11. No los habían incitado a que se comportaran de una manera violenta. — 12. Tomarán medidas para evitar los disturbios.

IV Imperativo (Repaso)
Forme frases según el modelo siguiente.

Preguntar al camarero.
— ¿Vamos a preguntar al camarero?
— Pregúntale tú.
Yo no quiero preguntarle.

1. Pagar las bebidas. — 2. Ir al cine. — 3. Estudiar los verbos. — 4. Comprar los billetes. — 5. Hablar con María del Carmen. — 6. Informar a Luis Fernando. — 7. Escribirles una tarjeta postal. — 8. Coger un taxi. — 9. Pedirle la dirección. — 10. Volver a casa.

— 11. Preparar las lecciones. — 12. Cambiar dinero. — 13. Preparar las maletas. — 14. Entregarle las flores. — 15. Invitar a María. — 16. Pedirle la dirección.

## Análisis y comentario

1. Resuma y estructure el contenido del texto.
2. Relate con su propias palabras lo que sucedió en Tárrega.
3. Comente la frase de José P.: «Mido dos metros con cinco centímetros con los patines puestos».
4. ¿Cree usted como Díez Nicolás que estos jóvenes buscan una integración social en pequeños grupos?
   Justifique su respuesta.

# SALTANDO SOBRE VOMITINAS

El vecindario de la calle Moncasi y sus aledaños está compuesto por gente tranquila, con un elevado número de personas mayores entre sus componentes. Cuando compraron sus pisos, en esta zona que se encuentra muy bien situada en la ciudad, entre Avenida de Goya y Paseo de Sagasta, «no había nada que pudiera hacernos sospechar que con el paso de los años nos veríamos obligados a entrar en casa saltando sobre vomitinas», denuncian en ABC.

Los primeros bares que se instalaron en Moncasi dieron «una pincelada de alegría» a la calle, a la que afluían estudiantes universitarios. Moncasi mantenía entonces su independencia de calles cercanas, donde desde hace más de 15 años se concentran bares y pubs. Pero en los últimos cinco años, Moncasi se ha ido configurando como zona de bares de jóvenes entre los que se cuentan numerosos gamberros de entre 16 y 18 años, muchos de ellos de barrios marginales que lejos de su vecindad no observan un buen comportamiento ciudadano.

Las tres asociaciones de vecinos que funcionan en Moncasi apuntan hacia la concentración de bares como la causa de las molestias habituales y el «terror» que impera a según qué horas. El cierre de establecimientos y la aplicación a rajatabla de la ley es lo que exigen al delegado del Gobierno en Aragón, Carlos Pérez Anadón, y más vigilancia al alcalde de Zaragoza, Antonio González Triviño, del que depende la Policía Local.

Fuentes de la Policía Local aseguraron a ABC que «cada fin de semana hay fijos un par de coches, pero no se puede estar dentro de cada bar y detrás de cada portal».

El Cuerpo Nacional de Policía, por su parte, explica que «ahí acudimos todos si hace falta pero parece más cosa de vigilancia de la Policía Local y de denuncias por ruidos, puertas abiertas, aguas menores en vía pública y esas cosas. Delincuencia en pisos, desde luego, no la hay en esta calle, que sería lo más grave».

Los particulares de la calle dicen estar «hartos» de denunciar el exceso de ruidos, de basuras y de peleas que hay en su calle. Algunas de estas personas, de edad avanzada, como una viuda de 72 años que no se atreve a salir cuando ha anochecido por temor a que «nos peguen un empujón los gamberros o que nos quiten la medalla o los pendientes. El señor alcalde tiene que darse cuenta de que tenemos derecho a disfrutar de nuestra calle y de nuestras casas como el resto de los ciudadanos. Somos gente honrada y cada vez nos van obligando a quedarnos más tiempo en nuestras casas, sin derecho siquiera a decirles algo a los gamberros porque nos insultan y se mofan de nosotros. El alcalde tiene que mirar a otros lugares y darse cuenta de que Zaragoza se está convirtiendo en una ciudad como las de las películas del Oeste, sin ley».

Los encargados de los bares se sacan de encima «el muerto»: «Yo me limito a ganarme la vida. En mi bar, ni se sirven bebidas a menores, ni hay drogas. Vendo copas en la barra y lo que la gente haga en la calle no es de mi incumbencia.»

*Pilar Barranco, ABC, 1-9-1991*

# Anotaciones

(1) vecindario (m.): vecinos, habitantes — aledaños (m. p.): zonas próximas — (2) componentes (m.p.): personas que forman parte del vecindario — (5) sospechar: presentir [vermuten] — (6) saltar: [springen] — vomitina (f.): [Erbrochenes] — (7) pincelada (f.): [Pinselstrich] — (8) afluir: acudir, venir — (10) se ha ido configurando como: se ha ido convirtiendo en — (11) gamberro (m.): [Rowdie] — (12) vecindad (f.): zona donde tienen su casa — (14) apuntar hacia: ir en dirección de — (16) imperar: dominar — a según qué horas: en determinadas horas — cierre (m.): substantivo de cerrar — a rajatabla: estricto/a — (20) hay fijos: están día y noche — (21) portal (m.); aquí: puerta de una casa — (24) aguas (f.p.) menores: orinas [Urin] — (26) estar hartos: estár cansados — (27) pelea (f.): lucha [Kampf] — (28) anochecer: comenzar la noche — (29) pegar un empujón: [einen Schubs geben] — medalla (f.): [Medaille] — (30) pendiente: (m.): [Ohrring] — (32) honrado/a: [ehrenhaft] — (33) mofarse de: reírse de — (35) película (f.): filme — (37) sacarse de encima el muerto: no creerse responsable, declinar la responsabilidad — (39) incumbencia (f.): responsabilidad

# Cuestionario de estudio

## Elaboración y comprensión

### A) Preguntas sobre el texto

1. ¿Con qué habitantes cuenta la calle Moncasi?
2. ¿Dónde se encuentra la calle Moncasi?
3. ¿En qué no podían pensar los habitantes de esta calle cuando compraron los pisos?
4. ¿Quiénes iban al principio a los bares de esta calle?
5. ¿Por qué se ha transformado radicalmente la situación?
6. ¿Qué han pedido las asociaciones de vecinos al delegado del Gobierno y al alcalde de Zaragoza?
7. ¿De qué se quejan concretamente los vecinos de esta calle?
8. ¿Por qué tiene miedo la señora que se cita en el texto de salir a la calle?
9. ¿Se sienten los encargados de los bares responsables de la situación?

### B) Léxico y gramática

I Busque dos palabras de misma familia y escriba su traducción.

| | | |
|---|---|---|
| alegría | aplicación | componente |
| delegado | delito | depender |
| encargado | marginal | muerto |
| portal | servir | vecindario |
| vigilancia | dominar | cerrar |

II Discurso indirecto

«Yo ya tengo 72 años y no me atrevo a salir a la calle cuando ha anochecido por temor a que me peguen un empujón los gamberros y que me quiten la medalla o los pendientes. El señor alcalde tiene que darse cuenta de que los habitantes de edad de este barrio tenemos derecho a disfrutar de nuestra calle y de nuestras casas como el resto de los ciudadanos. Somos gente honrada y cada vez nos van obligando a quedarnos más tiempo en nuestras casas, sin derecho siquiera a decirles algo a los gamberros porque nos insultan y se mofan de nosotros. El alcalde tiene que mirar a otros lugares y darse cuenta de que Zaragoza se está convirtiendo en una ciudad como las de las películas del Oeste, sin ley».

Una señora declaró hace unos días que ella ...

III Pronombres personales

1. Antonio María aún no ha escrito la carta. — 2. ¿Podemos llevarles las flores? — 3. No me hables de Salomé. — 4. Invitaré a mis amigos a mi cumpleaños. — 5. El Gobierno no aumentará el sueldo a los funcionarios. — 6. No le prestes los libros. — 7. Los asaltantes obligaron al empleado a abrir la caja fuerte. — 8. ¿Me puedes prestar tu coche? — 9. Me podrías contar lo que te ha dicho. — 10. Pedí al técnico que me instalara el ordenador. — 11. No me fue posible convencer a tus amigos. — 12. El no me habló de este asunto. — 13. Escribió a su mujer tres o cuatro cartas. — 14. Déme la respuesta, por favor. — 15. Hay que avisar a la policía. — 16. Nos ha hablado de Pedro. — 17. Su padre no quiso comprarle el televisor. — 18. Tráeme los discos mañana. — 19. No le he dicho quién eres tú. — 20. Tengo que comprar unos cuadernos para mi hermano. — 21. Tenemos que entregar el paquete a María José. — 22. No me cuentes tu historia. — 23. Están visitando un museo. — 24. Se mofan de los ancianos. — 25. Los gamberros les quitan las medallas.

## Análisis y comentario

1. Resuma y estructure el contenido del texto.
2. Explique con sus propias palabras la transformación de que ha sido objeto la calle de Moncasí.
3. ¿Cómo se explica la inefectividad de las Fuerzas de Seguridad?
4. «La calle es de todos.»
   Explique y comente este aserto.

# DOMINICANO AGREDIDO POR «CABEZAS RAPADAS»

El dominicano José Antonio Tavárez Pichardo, cocinero, de 41 años, fue agredido el lunes por la noche por un grupo de «cabezas rapadas» que le atacaron en la plaza de los Sagrados Corazones de Madrid al grito de «es del mismo lugar que Lucrecia Pérez».

«Si no me ayudan esas tres personas, seguro que me habrían matado», repetía ayer Tavárez, casado con una española y con empleo fijo, que en sus tres años de residencia en España sólo conocía la xenofobia por la prensa y la televisión.

La agresión ocurrió hacia las siete de la tarde del pasado lunes, al dirigirse Tavárez al restaurante donde trabaja, cargado con dos bolsas de pollos que acababa de comprar. Iba por la calle con su uniforme blanco de cocina. En el pecho llevaba un anagrama en el que lucía su nombre y su país de origen. Cuando caminaba hacia la plaza de Lima, varios jóvenes, la mayor parte «cabezas rapadas», le salieron al paso. Uno de ellos gritó: «Mira, es del mismo lugar que esa Lucrecia que mataron».

Tavárez recibió en la cara un golpe con un puño de hierro que le propinó un joven de unos 25 años. Otro le dio una patada en la espalda. «Me quedé semi inconsciente», relata Tavárez, quien afirma que durante el ataque le llamaron «negro» e «inmigrante, hijo de puta». La rápida reacción de una mujer y de dos hombres que salieron de un coche provocó la fuga de los «cabezas rapadas».

A pesar de las heridas y de los consejos que le dieron las personas que le socorrieron, el agredido se empeñó en ir a su trabajo y solicitar ayuda para salir a la búsqueda del grupo. Nada más llegar al restaurante y contar lo sucedido, cocineros y camareros, también inmigrantes, se armaron e iniciaron una persecución que no fue demasiado complicada. Tavárez, provisto de un largo cuchillo de cocina, les condujo al lugar de la agresión, donde unos jóvenes les indicaron que los «cabezas rapadas» estaban en el metro de Lima. Tras bajar las escaleras y penetrar en el túnel descubrieron a los agresores. «Conseguimos capturar a tres, y aunque mi intención era hacerles algo, no lo hice porque pensé en mis hijos y en lo que podría pasar después».

Cuatro vigilantes jurados retuvieron a los tres jóvenes en el interior de una de las taquillas del metro, hasta que llegó la policía, que trasladó a los tres arrestados a la comisaría de Chamartín. José Antonio Tavárez asegura que varios jóvenes intentaron tomarse la justicia por su mano y golpear a los «cabezas rapadas», quienes aseguraban que el que le dio el golpe había escapado. Tavárez fue trasladado al hospital Ramón y Cajal, donde se le apreciaron hematomas y un traumatismo facial que precisó 10 puntos de sutura. (...)

Los tres implicados en el ataque al extranjero residen en el centro de Madrid y son amigos por ir juntos a los partidos del Real Madrid. La policía investiga la posible relación de los jóvenes con el grupo de «Hinchas Ultrasur». Los jóvenes han reconocido que no tenían ningún motivo para golpear a Tavárez, excepto porque éste vestía una prenda con la inscripción «República Dominicana».

⁴⁰ «Ahora sólo quiero», declaró Tavárez, «que se les dé el castigo <u>merecido</u> a los que me agredieron, porque lo que me ha pasado a mí le puede pasar a cualquier otra persona».

Tavárez se casó en Santo Domingo con una española, Julia Cachaceiro, con la que ha tenido tres hijos: Melisa, de dos años, que nació en España, Javier, de seis años, ⁴⁵ y José Luis, de 10. <u>Su suegro</u>, Julio Cachaceiro, <u>estaba indignado</u> porque él emigró a la República Dominicana hace varios años, donde fue bien tratado.

*Luis Fernando Durán, EL PAIS, 30-12-92*

## Anotaciones

(3) grito (m.); aquí: [Schlachtruf] — Lucrecia Pérez: joven dominicana que, en el año 1992, fue asesinada en Madrid — (8) ocurrir: tener lugar, suceder — al dirigirse: cuando iba — (9) cargado con: llevaba — (10) anagrama (m.); aquí: escrito — (11) lucir; aquí: estar escrito — (12) salir al paso: salir al encuentro [entgegengehen] — (14) puño (m.) de hierro: [Schlagring] — propinar: dar — (15) patada (f.): golpe con el pie — (17) hijo (m.) de puta: [Hurensohn] — (19) herida (f.): [Verletzung] — (20) socorrer: auxiliar, ayudar — empeñarse en: [bestehen auf] — (21) búsqueda (f.): substantivo de buscar — (22) iniciar: comenzar — (23) provisto de: [versehen mit] — (25) tras: después de — (26) capturar: atrapar, coger — (28) retener: [festhalten] — (31) golpear: [schlagen] — (32) escapar o escaparse: huir — (34) facial: en la cara — precisar: hacer necesario — punto (m.) de sutura: [Naht] — (37) Hinchas (m.p.) Ultrasur: [Fußballfans] — (39) vestir una prenda; aquí: llevar una camiseta — (40) merecido: [verdient] — (45) su suegro: el padre de su esposa — estar indignado/a: [empört sein]

## Cuestionario de estudio

### Elaboración y comprensión

#### A) Preguntas sobre el texto

1. ¿Quién es José Antonio Tavárez?
2. ¿Cuánto tiempo lleva en España?
3. ¿Quién atacó al dominicano?
4. ¿Qué hacía José Antonio cuando le agredieron?
5. ¿Por qué se dieron cuenta los «cabezas rapadas» de que José Antonio no era español?
6. ¿Qué hicieron los skins con él?
7. ¿Por qué huyeron los atacantes?
8. ¿Porqué quería José Antonio llegar al restaurante donde trabajaba?

9. ¿Tuvieron muchas dificultades en encontrar a los agresores?
10. ¿Se vengó José Antonio de la agresión de que había sido objeto?
11. ¿Qué hicieron los vigilantes con los «cabezas rapadas»?
12. ¿Quiénes eran los agresores?
13. ¿Por qué quiere el dominicano que sean castigados?
14. ¿Quién es Julio Cachaceiro?

## B) Léxico y gramática

I Remplace los segmentos subrayados por frases verbales.
1. José Antonio Tavárez, <u>un dominicano casado con una española y con empleo fijo</u>, fue atacado en una plaza de Madrid.
2. <u>Nada más llegar al restaurante y contar lo sucedido</u>, sus compañeros y él comenzaron la persecución de los agresores.
3. <u>Los tres implicados en el ataque</u> viven en el centro de Madrid.
4. <u>En sus tres años de residencia</u> no había experimentado ningún ataque de tipo xenófobo.
5. <u>Tras las agresión a José Antonio</u> los atacantes huyeron.
6. José Antonio pidió <u>ayuda a sus compañeros de trabajo</u>.

II Ponga las preposiciones y conjunciones que hagan falta.

Miembros ... la Brigada de Información ... la policía de Zaragoza han detenido ... cuatro jóvenes cabezas rapadas de ideología neonazi ... presuntos autores ... las agresiones ... un grupo de mendigos ... dormían ... el aire libre ... una plaza pública. Los incidentes se produjeron ... las once ... la noche del sábado ... que mediara palabra ... los agresores y los cuatro transeúntes que se encontraban ... la plaza de Los Sitios, en la capital aragonesa.

Estas personas resultaron heridas ... diversa consideración, ... cuyas lesiones se recuperan ... centros hospitalarios. Los cuatro transeúntes denunciaron los hechos ... la policía, que inició una investigación ... los grupos ... ideología ultraderechista. El resultado fue la detención ... los cuatro jóvenes, que fueron reconocidos ... sus víctimas, y ayer pasaron ... disposición judicial.

Los detenidos vestían indumentaria militar y portaban símbolos neonazis, ... banderas ... la cruz gamada. Uno ... ellos declaró que agredieron ... los mendigos «porque son unos vagos».

Los jóvenes pertenecen, ... la policía, ... un grupo denominado «fuerza blanca» uno de ellos está relacionado ... el Ligallo Fondo Norte, grupo ultra del fútbol zaragozano. Los detenidos mantienen conexiones ... otros grupos ... fuera de Aragón, ... informó el delegado del Gobierno, Carlos Pérez.

La policía intervino en el registro ... los domicilios de algunos ... los detenidos cinco cuchillos de monte, cinco bayonetas y tres carabinas similares ... las utilizadas ... el desaparecido Frente de Juventudes. La policía asegura que tiene controlado en Zaragoza a un grupo ... veinte jóvenes neonazis violentos.

*Javier Ortega, EL PAIS, 4-12-1992*

III Imperfecto e indefinido (repaso)
Ponga el texto en el pasado.

Pedrito y José Luis son dos hermanos que viven en Zaragoza. El próximo fin de semana es largo. Tienen libre desde el jueves al lunes y quieren pasar un día en los Pirineos, en el Parque Nacional de Ordesa. Como no tienen dinero suficiente ni para comprar un billete de autobús ni de tren, han decidido ir en auto-stop. El jueves se levantan temprano, desayunan, se preparan unos bocadillos, salen de casa y a las nueve ya están en la carretera de Huesca. Se hacen las diez y todavía están en el mismo sitio. No los ha cogido nadie. Faltan pocos minutos para las once, cuando un coche, que ya no está para muchos trotes, se para a pocos metros de ellos. Preguntan al conductor si va en dirección de Huesca. El chófer les responde que va a Torla. Pedrito y José Luis se alegran porque Ordesa está a dos o tres kilómetros de Torla. A unos veinte kilómetros de Zaragoza el coche comienza a disminuir de velocidad y poco después se para. El conductor se ha olvidado de poner gasolina. La próxima estación de servicio está en Zuera, a unos cuatro kilómetros de donde se encuentran. Hace un calor horrible. Los dos hermanos bajan del coche e intentan parar a los vehículos que pasan. Tienen suerte. El conductor de un mercedes descapotable para, les abre la puerta y les pregunta si le quieren acompañar hasta Ordesa. José Luis ya se ha sentado en el estrecho asiento de la parte trasera del descapotable, pero Pedrito, sin entrar en el coche, explica al conductor que el coche que les ha cogido se ha quedado sin gasolina. El conductor del descapotable saca una lata de cinco litros del maletero y se la entrega a Pedrito. José Luis baja del descapotable. A las doce menos cuarto los dos hermanos ya se encuentran en dirección de Ordesa. José Luis no dice ni una palabra durante todo el camino.

## Redacción

Narre en unas 10 líneas lo que sucedió aquel lunes en la plaza de los Sagrados Corazones de Madrid.

# CONTROLANDO LA «MOVIDA»

Tierno creó, quizá sin saberlo, el modelo que se ha repetido en toda España. ⌐ puedes hacer nada mejor con los jóvenes, entonces distráeles a todo precio. De las ansias de juerga y la astucia política nació la «movida»: Los poderes públicos la financiaron con generosidad.

5　Las noches de masiva juerga callejera se hicieron famosas en toda Europa. El modelo era Madrid, y a mediados de los ochenta se extendió por todo el país. Las normativas de higiene, seguridad y salubridad cedieron ante el «interés general» de la fiesta nocturna juvenil. Apareció una «zona de la movida» en cada ciudad, allí valía todo, y los más potentes empresarios de hostelería montaron «templos» alrededor de
10 los que los bares de copas crecieron como hongos. Gastos, muy pocos, un equipo de música a toda marcha; aforo, todas las calles circundantes. (...)

La «movida» era sagrada y nadie hacía caso a los pobres vecinos afectados, aunque fueran barrios enteros. Cada «movida» local, tras un peloteo de influencias, chanchullos y enchufes, terminaba instalándose en la zona con menor resistencia. Los
15 beneficios hosteleros fueron enormes, al igual que la degradación urbana. En el mismo paseo de la Castellana, miles de personas orinaban cada noche sobre los jardines y aceras en los veranos locos de la capital.

El verano pasado la «movida nacional» llegó a su máximo esplendor, y con él a sus efectos más devastadores. Las riberas del Mar Menor, en Murcia, eran un
20 gigantesco circuito de multitudes borrachas motorizadas. El centro de Punta Umbría, en Huelva, un mostrador de varios kilómetros con miles de parroquianos hasta las nueve de la mañana.

Y entonces llegó Gil y Gil, y a pesar del escándalo de la progresía, acabó por las bravas con la «movida» marbellí. Fue el primer golpe a la intocable «movida», y,
25 aunque universalmente condenado, abrió brecha. La gobernadora civil de Cáceres se ha atrevido a fijar una hora de cierre. En Tortosa, Tarragona, sacarán la zona de bares de copas a las afueras, donde no haya vecinos. Ya en el pasado septiembre arrasaron Tárrega, en Lérida, porque su notable festival anual había suprimido los conciertos de música «heavy». Y pronto habrá más Cáceres.

*José Catalán Deus, EL INDEPENDIENTE, 20-10-1991*

# Anotaciones

(1) Tierno Galván: alcalde de Madrid que propagó las fiestas callejeras — (2) distraer: entretener [unterhalten] — (3) ansias (f.p.) de juerga: [Vergnügungssucht] — astucia (f.): [Tücke] — movida (f.): agitación juvenil — (4) con generosidad: [großzügig] — (7) normativa (f); aquí: ley, disposición de las autoridades — salubridad (f.): buena salud — ceder: rendirse [nachgeben] — (8) valer; aquí: ser permitido — (10): bar (m.) de copas: [Straßenschenke] — hongo (m.): [Pilz] — (11) aforo (m.): extensión — (13) peloteo (m.):

serie — influencia (f.); aquí: [Beziehung] — chanchullo (m.): [Schwindel] — (14) enchufe (m.): [gute Beziehung] — (16) paseo (m.) de la Castellana: renombrada calle de Madrid — orinar: [urinieren] — (20) multitudes borrachas motorizadas: inmensa cantidad de personas que conducían después de haber tomado mucha bebidas alcohólicas — (21) parroquiano (m.): cliente [Kunde] — (23) Gil y Gil: alcalde de Marbella que prohibió las «movidas» — progresía (f.): círculos progresistas — (24) intocable: [unantastbar] — (25) abrir brecha: servir de ejemplo — (26) hora (f.) de cierre: hora en que tienen que cerrar los bares — (27) arrasar: destruir totalmente — (28) suprimir: [auslassen]

# Cuestionario de Estudio

## Elaboración y comprensión

### A) Preguntas sobre el texto

1. ¿Cómo nació según el autor la «movida»?
2. ¿Por qué tuvieron que perder su vigencia algunas leyes referentes a la higiene y la seguridad ciudadana?
3. ¿Quiénes eran los que hacían mucho dinero con la «movida»?
4. ¿Dónde tenían lugar las movidas?
5. ¿Qué ejemplos de degradación nombra el autor?
6. ¿Por qué se ha hecho famoso el alcalde de Marbella?
7. ¿Qué ha dispuesto la Gobernadora de Cáceres?

### B) Léxico y gramática

I Forme los substantivos que corresponden a los siguientes verbos.

| | | | |
|---|---|---|---|
| abrir | aparecer | ceder | condenar |
| crear | criticar | degradar | motorizar |
| deteriorar | devastar | distraer | escandalizar |
| extenderse | financiar | golpear | instalarse |
| interesar | llegar | molestar | montar |
| nacer | orinar | pasear | repetir |
| resistir | suprimir | terminar | valer |

II Complete el texto.

En las noches del fin de semana, enormes grupos de jóvenes se instalan a la puerta de los bares. Son grupos compuestos a veces por centenares de contertulios. (tratarse) en parte de gente pacífica; no pocos, sin embargo, (consumir) durante horas las ya célebres litronas. La cerveza (enriquecerse) en ocasiones con coñac. El ambiente (caldearse). Avanzada la noche, (comenzar) las disputas, el vocerío, los coros habitualmente desafinados y estentóreos. El capó de los automóviles (utilizarse) como asiento: hay desperfectos, carrocerías rayadas, evacuaciones varias... Un tópico indigente machaconamente repetido en décadas pasadas (insistir) en aquello de la sana alegría de la juventud. Lo que [nosotros] (tratar) aquí es otro asunto, urgente y concreto: [nosotros] (estar) ante un proceso de degradación acelerada de la convivencia urbana. La capital de la nación (contar) con barrios literalmente intransitables durante dos o tres días por semana. Los bares y las tiendas nocturnas (carecer) del derecho de (convertir) las aceras en expendedurías. Los muchachos (tener) la sangre caliente. Su educación, inexistente o escasa, les (autorizar) pronto a (estrellar) las famosas botellas contra el suelo; los vómitos e inmundicias (adornar) calles y plazas.

Esta moda (ser) en cierto modo nueva. Pero al mismo tiempo [nosotros] (tener) ahí las basuras abandonadas en sábado y domingo, los alcorques de los árboles convertidos en papeleras, ceniceros o estercoleros; las cabinas rotas; los travestidos mostrando su triste mercancía. [Nosotros] (creer) que una ciudad europea como la nuestra (deber) (mantener) unos niveles exigibles de decoro y dignidad: Madrid los (perder). (...)

El Madrid de hoy no (poder) abandonar su condición de ciudad europea para (convertirse) en un conglomerado de incivilidad. (Ser) salvar a Madrid.

*Editorial, ABC, 13-11-1988*

III Adjetivos (repaso)

1. Los zapatos de María Teresa son (marrón), su camisa (azul) y su falda (gris). Lleva un bolso (blanco) y unas medias (negro). — 2. Los coches (francés) no son muy (caro) y son muy (cómodo). — 3. Tengo una amiga (inglés) que vive en una ciudad muy (grande). Vive en el (tercero) piso de un (grande) edificio. — 4. Es la (tercero) persona que me ha dicho que Luisa es (agresivo), (dominante) y (presumido). — 5. Hay quienes dicen que las mujeres (francesas) son (arrogante) — 6. Hay españoles y alemanes que son un poco (perezoso). — 7. Dicen que las diversiones de los trabajadores (belga) no están tan (organizado) como las de los trabajadores (alemán). — 8. Luis lee una revista (inglés). Es una revista muy (difícil) de leer. — 9. Este hotel organiza una (grande) fiesta para los turistas (americano). — 10. Tienen el (mal) hábito de tomarse las cervezas en (pleno) calle. — 11. Es un (bueno) coche pero el vuestro es (mejor). — 12. Sus ideas son (bueno) pero poco (realizable). — 13. Estos jóvenes (marroquí) atravesaron las aguas del (peligroso) Estrecho de Gibraltar en una (malo) barca. — 14. En aquel (pequeño) restaurante de Cádiz nos ofrecieron un (bueno) vino.

## Análisis y comentario

1. Resuma y estructure el texto.
2. Defina brevemente lo que el autor llama «zona de movida».
3. Exponga los aspectos positivos y negativos de «las movidas».
4. ¿Cómo se podría solucionar el problema de las «movidas»? Fundamente su respuesta.

# NO HAY DERECHO

Me remito a usted para expresar mi protesta ante una serie de acontedores que se vienen sucediendo en los últimos días. Esta protesta va dirigida a los mandatarios, que se den por aludidos, y a ellos les digo: «No hay derecho».

No hay derecho a que de la noche a la mañana salga la norma de cerrar todos los
5 bares, pubs, etcétera, a las tres de la mañana sin tener en cuenta lo que este hecho provoca socialmente. Los que han dado el visto bueno a esta saludable idea parece que no han caído en que a las tres de la mañana no todos los jóvenes – y no tan jóvenes – que frecuentan estos locales se van tranquilamente a dormir, sino todo lo contrario: se quedan por la calle con diferentes grados de alcoholemia, aburridos, sin saber
10 adónde ir a continuar la tertulia, juerga y demás, habiéndose gastado – en algunos casos – casi todo el dinero que llevaban encima. ¿Y entonces qué hacen? ¿Adónde van? ¿Se han planteado ustedes eso?

Pues, por lo que observo, el silogismo parece sencillo: los más «pacíficos» se meten en su coche, o en el del amigo y, en plan «turbo», se dedican a recorrer nuestras calles
15 a ver si todavía encuentran algún local «sin» donde agotar las existencias físicas y económicas; los menos pacíficos se agrupan en pandillas y o bien se sientan en las aceras y patios alrededor de alguna botella clandestina a vociferar incongruencias (como es el caso diario de mi portal), o bien, en casos extremos, a asaltar o a meterse con la persona que vuelve sola a casa; eso si no les da por ponerse en plan libidinoso
20 y además violarla (como hace unos días, cuando un neurótico semiebrio se me coló en el ascensor y si no llega a ser porque vivo en un segundo piso a estas horas estoy más violada que la sección de cuerda de la Filarmónica).

Resumiendo, paséense ustedes a partir de las tres de la mañana por la avenida de Aragón o por cualquier zona de marcha de Valencia donde la ley impera y recapaciten
25 un poco sobre lo que legislan e imponen, porque, en mi opinión, hay veces que las consecuencias de un hecho pueden afectar a las personas que uno menos se puede imaginar, y en estas cosas mucha previsión es poca, pero en su caso es alarmantemente escasa.

Esta ley invita al sueño a muchos ciudadanos, pero también se lo quita más de uno
30 y a más de dos.

*Rosa Giménez Moreno, EL PAIS, 5-4-1993*

## Anotaciones

(1) remitirse a: dirigirse a, escribir a — acontederes (m.p.): acontecimientos, sucesos — (2) madatarios (m.p.): autoridades, políticos responsables — (3) darse por aludido: escuchar, oír [sich angesprochen fühlen] — (6) dar el visto bueno: permitir, hacer posible — saludable: sano/a — (7) caer en; aquí: caer en la cuenta de que, darse cuenta de que — (9) grado (m.) de alcoholemia: cantidad de alcohol en el cuerpo — (10) juerga; aquí: (f.): [Sauferei] — (14) en plan turbo: a gran velocidad — (15) sin; aquí: sin cerrar,

que está todavía abierto — agotar: acabar totalmente [erschöpfen] — (17) vociferar: hablar muy alto, gritar — (18) portal (m.): puerta principal de un edificio — meterse con: molestar — (19) ponerse en plan libidinoso: [dem Libidotrieb freien Lauf lassen] — (20) semiebrio: medio borracho [halbbetrunken] — colarse: [sich einschleichen] — (22) sección (f.) de cuerda: [Saiteninstrumente] — (24) zona (f.) de marcha: zona de peatones [Fußgängerzone] — recapacitar: pensar, reflexionar

# Cuestionario de estudio

## Elaboración y comprensión

### A) Preguntas sobre el texto

1. ¿A quién se dirige Rosa Giménez?
2. ¿Contra qué ley o norma protesta la remitente?
3. ¿Qué es lo que no han tenido en cuenta los que han decretado la norma?
4. ¿Describa los tres tipos de «tardeadores» de los que habla la carta.
5. ¿Qué experiencia personal ha hecho Rosa Giménez?
6. ¿A qué exhorta la autora de la carta a las autoridades?

### B) Léxico y gramática

I Exprese de otra manera las frases siguientes.
1. Darse por aludido.
2. Dar el visto bueno a una norma.
3. No caer en que los jóvenes no van a la cama.
4. Los jóvenes continúan en la calle con diferentes grados de alcoholemia.
5. Recorrer en plan «turbo» la ciudad.
6. Meterse con las personas que vuelven a casa.
7. Ponerse en plan libidinoso.
8. Un neurótico semiebrio se le coló en el ascensor.

II Traducción

**Por «progre»**

Cuentan que en Castellón un muchacho ha matado a otro después de un intercambio de palabras. Una de ellas era «nazi», la otra era «progre». El que llamaban «progre» ha acabado muerto, por si conviene aclararlo. La pervivencia del término «nazi» como insulto no sorprende: todos los días, desde el Atlántico hasta los Urales, hay algunos motivos para utilizarlo. Por el contrario, desconocía que alguien pudiera morir en nuestro tiempo por ser un «progre», que la palabra, curiosamente empecinada, hubiera atravesado los diversos ocasos posmodernos. Hace 15 o 20 años el «progre» era un ser más bien taciturno, capilarmente exuberante, que llevaba macuto en bandolera y doblaba las esquinas como quien acaba de salvar la piel. «Progre», parece obvio, venía de progresista: se trataba de alguien convencido – excesivamente convencido – de que todos los minutos de su tiempo estaban destinados a labrar la felicidad propia y ajena. Este convencimiento acabó por perderle: la imposición del paraíso se tradujo en imposición y el paraíso todavía aguarda como bien recuerdan a cada espasmo los críticos de la razón tardía.

El último «progre» que tuve ocasión de tratar, un conocido, dejó el oficio una tarde mustia de primavera mientras en el tocadiscos supuraba la rítmica sugerencia de Brassens: «Mourir pour des idées, d'accord, mais de mort lente». La canción era mucho más vieja que el compromiso con las ideas de mi conocido, pero aquí todo llegó tarde. La extinción del «progre» generó, como sucedió con los mamuts o los dinosaurios, una vasta, – muy basta – literatura crepuscular que todavía ha de dar sus mejores frutos. Estábamos en pleno crepúsculo cuando se supo lo de Castellón: alguien que muere poco después de que le llamen «progre». El destello de la muerte deja ver la vida. Pasa con los hombres y ahora con esa palabra tierna y oxidada, aún capaz, sin embargo, de convocar la muerte.

*Arcadi Espada, EL PAIS, 15-4-1993*

III ¿Ser o estar?
1. El consumo de bebidas en la calle ... una moda contra la que el ayuntamiento no puede hacer nada. — 2. Zaragoza ... una ciudad muy interesante, ... la capital de Aragón y ... a orillas del Ebro. — 3. La litrona ... para muchos jóvenes una evasión que ... al alcance de sus posibilidades económicas. — 4. Este restaurante ... muy bueno, pero hoy ... cerrado. — 5. Les ... [nosotros] muy agradecidos por las deferencias que han tenido con nosotros. — 6. ¿ ... reservadas estas dos mesas? — 7. Juanita ... una persona muy amable, pero ... un poco rara porque tiene dolor de muelas. — 8. [Ellos] ... muy decepcionados porque ésta no ... la habitación que habían reservado. — 9. Los jóvenes de las litronas ... en las puertas de los bares y ... protagonistas de algunos desórdenes. — 10. Los habitantes de la zona ... indignados porque el alboroto de los jóvenes no les permite dormir. — 11. El interés por la política de muchos jóvenes, que ya ... en edad de votar, ... casi nulo. — 12. Manuel quiere ... médico y actualmente ... estudiando medicina en la universidad de Barcelona. — 13. Este señor ... Alemán y ... en Lérida desde hace doce años. — 14. Muchos jóvenes de hoy ... contra la guerra y el armamentismo. — 15. Pablo ... intentando resolver el problema.

## Análisis y comentario

1. Resuma y estructure el contenido del texto.
2. ¿Qué quiere obtener Rosa Giménez con su carta?
3. Explique y comente, refiriéndose al caso concreto expuesto en la carta, la frase «Hay veces que las consecuencias de un hecho pueden afectar a personas que uno menos se puede imaginar?
4. Piensa usted que Rosa Giménez tienen razón con su queja?
   Justifique su respuesta.

# LA HONDA DE DAVID (Fábula)

Había una vez un niño llamado David N., cuya puntería y habilidad en el manejo de la resortera despertaba tanta envidia y admiración entre sus amigos de la vecindad y de la escuela, que veían en él – y así lo comentaban entre ellos cuando sus padres no podían escucharlos – un nuevo David.

5  Pasó el tiempo.

Cansado del tedioso tiro al blanco que practicaba disparando sus guijarros contra latas vacías o pedazos de botella, David descubrió un día que era mucho más divertido ejercer contra los pájaros la habilidad con que Dios lo había dotado, de modo que de ahí en adelante la emprendió con todos los que se ponían a su alcance, en especial
10 contra Pardillos, Alondras, Ruiseñores y Jilgueros, cuyos cuerpecitos sangrantes caían suavemente sobre la hierba, con el corazón agitado aún por el susto y la violencia de la pedrada.

David corría jubiloso hacia ellos y los enterraba cristianamente.

Cuando los padres de David se enteraron de esta costumbre de su buen hijo se
15 alarmaron mucho, le dijeron que qué era aquello, y afearon su conducta en términos tan ásperos y convincentes que, con lágrimas en los ojos, él reconoció su culpa, se arrepintió sincero, y durante mucho tiempo se aplicó a disparar exclusivamente sobre los otros niños.

Dedicado años después a la milicia, en la segunda Guerra Mundial David fue
20 ascendido a general y condecorado con las cruces más altas por matar él solo a treinta y seis hombres, y más tarde degradado y fusilado por dejar escapar viva una Paloma mensajera del enemigo.

*Augusto Monterroso, La oveja negra*

# Anotaciones

(1) puntería (f.): [Zielen] — manejo (m.): empleo, uso — (2) resortera (f.): honda [Schleuder] — vecindad (f.): vecinos — (6) tedioso/a: aburrido/a — tiro (m.) al blanco: [Scheibenschießen] — guijarro (m.): piedra pequeña [Kieselstein] — (7) divertido/a: agradable, interesante — (8) dotar: [ausstatten] — (9) emprenderla con; aquí: matar — (10) pardillo (m.): [Rotkehlchen] — alondra (f.): [Lerche] — ruiseñor (m.): [Nachtigall] — jilguero (m.): [Distelfink] — sangrante: cubierto/a de sangre — (11) susto (m.): [Schreck] — (12) pedrada (f.): golpe de una piedra — (13) jubiloso/a: muy contento/a — enterrar: [beerdigen] — (15) afear su conducta: [jemandem sein Verhalten vorwerfen] — términos (m.p.): palabras — (16) áspero/a: duro/a — culpa (f.): [Schuld] — (17) aplicarse a: dedicarse a — (19) milicia (f.): actividad militar — ascender: [befördern] — (21) escapar: huir, irse, desaparecer

## Análisis y comentario

1. Resuma y estructure el contenido del texto.
2. ¿Por qué veían en el niño un nuevo David?
3. Comente la frase «David corría jubiloso hacia ellos y los enterraba cristianamente».
4. ¿Se puede considerar acertado el comportamiento de los padres de David?
5. El autor ha dado a este escrito el nombre «fábula»
   ¿Qué enseñanza moral contiene el escrito?
   ¿En qué difiere esta fábula de las «fábulas normales»?


Dictado preparado

**Alienar la culpa**

En mis tiempos, las personas mayores solían decirnos que los enemigos del alma eran el mundo, el demonio y la carne y a veces con carácter particular se nos acusaba de tener el diablo en el cuerpo, de ser el rabo del demonio (...)

Ahora esas acusaciones o esos perdones, se han extendido también a los adultos; ahora nadie es culpable de sus indignidades. La culpa de los vicios de los hombres, dicen, son su incultura, su pobreza, la injusticia social, la educación familiar, el llamado régimen anterior, los grandes traficantes de drogas y así sucesivamente. Cualquier racionalización sirve para que sigamos creyendo en la inocencia que se supone poseíamos antes de ser expulsados del Paraíso por algo que ahora daría risa seguramente hasta al mismo Señor de los Cielos. Nadie admite que descendemos de los más viles batracios y que el gran enemigo del alma lo somos cada uno de nosotros mismos, que todavía continuamos siendo unos repugnantes bichejos húmedos y fríos, capaces de hacer cualquier cosa por satisfacer nuestras heladas pasiones de batracios depredadores, egoístas lascivos, parricidas, violadores y lo que: me callo.

Nadie admite honradamente que la culpa brota de nuestra condición de hombres, hechos a imagen y semejanza de las amebas, que son, como se sabe unas perversas poliformas hasta que acaban el COU según escribió atinadamente don Sigismundo Freud.

O sea, caballerete autopinchador amante del estruendo inarmónico que tú tomas por música, o sea, señorita de carnes fáciles que quieres ser famosa cueste lo que cueste, deja de mirar por las ventanas exteriores buscando excusas a tus lánguidas ambiciones y mírate hacia dentro, hacia tu feo patio interior y contempla allí tus pobres ropas puestas a secar y júzgate a ti misma por lo limpias o lo puercas que las tienes.

Deja de culpar a tus pobres padres de lo que sólo depende de ti y tu futuro será más bello y luminoso: serás una desdichada o un desdichado de pelo en pecho y no culparás a nadie de tu miseria interior. (...)

*Chumy Chúmez, BLANCO Y NEGRO, 29-9-1991*

# IV
# Evasiones

# SÓLO QUEDAMOS CUATRO

«Con la droga nunca vas a tener nada porque te lo quita todo, hasta la vida». Hay una larga y dura experiencia detrás de esta conclusión. Raúl, veinticuatro años, lleva uno de abstinencia total y está resuelto a cerrar definitivamente la puerta a su vida anterior. A los trece años comenzó a fumar «porros» y a tomar anfetaminas; a los
5 quince se enganchó a la heroína; después llegó la cocaína durante mucho tiempo.

«Caímos a la vez unos doce o trece amigos que empezamos a ir con gente mayor que nosotros. ¿Por qué? Porque no te gusta el colegio, no te van bien los estudios, estás todo el día en la calle, te aburres y algo tienes que hacer. Ahora, la mayoría ya no lo puede contar porque están muertos; quedamos cuatro».

10 Al principio fue la euforia – te entra un «baile» en el cuerpo... –, la etapa que los expertos llaman de «luna de miel». Después, la apatía y el «pasar» de todo; disminuyen las compensaciones. Finalmente, la conciencia de desastre. «El dinero se lo busca uno de cualquier manera cuando eres jovencillo: si es necesario robar, robas. Luego procuras seguir sin «pringarte» tanto, y traficas con una droga para conseguir
15 otra».

La influencia de su novia, los ruegos de sus padres y su propia determinación le llevaron a una granja, por medio del Centro de Atención a las Drogodependencias (CAD) de su barrio, Vallecas, uno de los siete que funcionan en la Comunidad. De regreso a la ciudad, ahora que ha terminado su terapia en el CAD no tardará en
20 incorporarse a su antiguo trabajo: jardinero del Ayuntamiento en el Instituto Municipal de Deportes.

Raúl conoce lo que es el síndrome de abstinencia; dice haberlo pasado muchas veces: «Es un estado depresivo muy fuerte, tanto psíquico como físico, y una angustia que sólo consigues quitarte con la droga que consumes». Procuró varias veces dejarlo
25 él solo, pero sus intentos fueron baldíos. Ahora piensa que sin la ayuda de su novia y de sus padres no habría podido hacerlo. Pero la voluntad personal es el primer paso: «Puedes salir, si te lo propones de verdad y quieres vivir la vida. Puedes volver a hacer lo que hacías antes de drogarte y tienes que aprender a aburrirte... o a no aburrirte». Todavía tiene tentaciones a menudo. Sin embargo, «me ha costado mucho salir y me
30 resisto a caer de nuevo».

Tras su experiencia, Raúl vive dolorosamente la realidad cotidiana del barrio: «Todos los días veo caer chavalillos en la droga. Les hablo, suelo decirles que miren cómo está la gente del barrio y que piensen si merece la pena. Sí, te dan la razón, pero siguen haciéndolo porque quien conoce esto sabe que es muy difícil evitarlo».

35 Y, junto a esa accesibilidad de las drogas existe también la dificultad de echar mano a un salvavidas: «Hay muy pocas vías y mucha gente no va a tener nunca ayuda, cuando todos deberíamos tener la oportunidad. Debería ser un servicio público; es un problema social que nos afecta a todos. Además, una desintoxicación en una institución privada puede costarte entre las 300.000 ó 400.000 pesetas; algunas granjas
40 cobran 180.000 al mes. ¿Quién puede pagar eso?»

*Margarita Díaz, ABC, 9-2-1992*

# Anotaciones

(3) está resuelto/a a: ha tomado la firme decisión de — (4) porro (m.): cigarillo que contiene marihuana — anfetamina (f.): [Amphetamin] — (5) engancharse a: empezar a ser drogadicto — (6) caer: [abfallen] — (8) aburrirse: [sich langweilen] — (10) baile (m.): [Heiterkeit, Wohlgefühl] — (11) luna (f.) de miel: [Flitterwochen] — pasar de todo: no interesarse por nada — (12) conciencia (f.): [Gewissen] — (14) procurar: intentar — pringarse: tomar drogas — traficar: vender [handeln] — (17) granja (f.); aquí: establecimiento de rehabilitación — (18) de regreso a: cuando vuelva a — (20) incorporarse a: volver a comenzar — (23) angustia (f.): [große Angst] — (25) baldío/a: inútil — (29) tentación (f.): [Versuchung] — a menudo: frecuentemente — (33) merecer la pena: [sich lohnen] — (34) evitar: [vermeiden] — (35) accesibilidad (f.): [Zugänglichkeit] — (36) salvavidas (m.s.p.): [Rettungsring] — vía (f.): camino — (37) oportunidad (f.); aquí: posibilidad

# Cuestionario de estudio

## Elaboración y comprensión

### A) Preguntas sobre el texto

1. ¿A qué edad empezó Raúl a tener relación con la droga?
2. ¿Qué causas lo llevaron al consumo de drogas?
3. ¿Tomaba las drogas solo?
4. Raúl distingue tres fases en la «carrera» del drogadicto. ¿De qué fases se trata?
5. ¿Quiénes ayudaron a Raúl a dejar el consumo de drogas?
6. ¿Qué va a hacer Raúl después de su rehabilitación?
7. ¿Cuál es, según Raúl, el paso más decisivo para «desengancharse»?
8. ¿Qué ha constatado Raúl en su barrio?
9. ¿Cómo reacciona ante esta trágica realidad?
10. ¿Qué dificultades ve Raúl en el combate de la drogadicción?

### B) Léxico y gramática

I Anótese y traduzca los verbos que corresponden a los siguientes substantivos.

| | | |
|---|---|---|
| abstinencia | accesibilidad | angustia |
| atención | atracción | ayuda |
| baile | compensación | conclusión |
| conocimiento | consumidor | desintoxicación |
| determinación | experiencia | influencia |
| intento | marginación | motivación |
| angustia | regreso | resistencia |
| ruptura | servicio | tentación |
| trasgresión | fuerza | protesta |

II Complete con los artículos donde haga falta.

... motivos que pueden llevar a ... persona a tomar ... drogas son muy diversos. Entre ellos, hay que distinguir entre ... curiosidad de ... primer contacto y ... motivaciones por ... cuales se continúan tomando. Dicho de ... otra manera: ... cosa es probar, y ... otra muy distinta convertirse en ... consumidor habitual. ... momento de «probar» es normalmente ... adolescencia.

... que lleva a probar ... drogas puede ser ... curiosidad, ... deseo normal de conocer ... cosas nuevas, animados casi siempre por ... amigo, o por ... grupo de amigos que ya han tenido ... experiencia y que hacen de ... iniciadores, pues ... droga raramente se consume en solitario, y menos al principio. ... pandilla fuerza algunas veces a probar, «no eres ... hombre si no lo haces». Y ... chico que se siente bien, respaldado, acogido en ese grupo del que forma parte, hace ... mismo que ... demás, para no ser marginado. A veces les mueve ... placer de transgredir ... ley, de probar ... prohibido que, precisamente por serlo, ejerce mayor atracción. En esa trasgresión de ... ley se esconde a veces también ... revancha, un «hago ... que me da ... gana», que supone una cierta ruptura con ... normas de ... familia, de ... sociedad. Muchos adolescentes se acercan a ... drogas buscando evadirse de ... realidad que les angustia, de ... sociedad que apenas los tiene en cuenta. En ... ocasiones su «porro» es ... último y desesperado SOS, una forma de llamar la atención sobre sus dificultades, o ... protesta silenciosa ante ... etiqueta de «fracasados» con que, desde pequeños, se les ha marcado.

No todas ... personas que prueban ... droga, continúan consumiéndola. Existe ... tendencia a dejarla con el aumento de ... edad (esto le daría ... cierto carácter de fenómeno transitorio), pero está más arraigada, cuesta más dejarla, entre ... jóvenes que viven situaciones difíciles.

III Relativos

1. Los datos ... expone este artículo son falsos. — 2. Hoy día existen muchos jóvenes ... están acostumbrados a que les den todo ... quieren. — 3. Alemania es un país ... índice de natalidad ha descendido en los últimos años. — 4. De todas las sustancias ... hemos mencionado ... más miedo social causa es la heroína. — 5. No logro encontrar el libro ... me prestaste. — 6. El consumo de alcohol, ... empleo como medio de socialización se va extendiendo en la juventud de nuestros días, es un problema ... no tiene fácil solución. — 7. Te voy a presentar a la chica de ... te hablé el sábado pasado. — 8. Yo nací en una región en ... hace mucho calor. — 9. ... tiene que hacer es estudiar un poco más. — 10. Esta es la razón por ... no pude venir. — 11. Recordaba la ciudad por ... calles se había paseado tantas veces. — 12. Es un individuo ... cumple ... promete. — 13. Es un producto ... precio no está a nuestro alcance. — 14. En mi opinión, ... habría que hacer es no dar mucha importancia a ... ha hecho. — 15. ... sepa la repuesta puede decirla. — 16. Nos ha explicado los motivos por ... los que tuvo que tomar esta decisión. — 17. La casa, en ... vivió tantos años, está ahora abandonada. — 18. Con ... mejor se lleva es con su padre.

# Redacción

Describa en unas quince líneas con sus propias palabras la «historia» de Raúl.

# LA TRATA DE «YONQUIS»

Son los esclavos modernos. Jóvenes toxicómanos que <u>a cambio de</u> droga trabajan día y noche para los traficantes que viven en los <u>poblados chabolistas</u> de Madrid. El Consorcio Regional para el Realojamiento de la Población Marginal ha localizado desde hace 2 años más de 12 casos. Trabajan durante todo el día como <u>albañiles</u>,
5 <u>sirvientes</u> particulares, electricistas o <u>fontaneros</u>, y ninguno tiene más de 30 años. Algunos duermen en las mismas chabolas durante meses y otros trabajan sólo durante el día. Los «yonguis» <u>compiten</u> entre ellos al construir las chabolas. Siempre hay uno que se acerca al dueño de la obra y le asegura que puede construirla mejor que nadie a cambio de menos dosis.
10 Juan, un gitano de casi 40 años, tiene la chabola más bonita de <u>Los Focos</u>, el núcleo de población marginal más grande de Madrid en cuanto a extensión y número de habitantes. Con <u>ladrillos</u>, <u>rejas</u> en las ventanas, flores en la entrada y <u>baldosas</u> en el interior, la chabola de Juan es con mucha diferencia la más <u>ostentosa</u> de Los Focos, seguida muy de lejos por la de el Quiqui.
15 Rafa, un joven con <u>vaqueros</u>, bigote y pelo largo, trabaja para Juan. «<u>Curro</u> aquí desde las nueve de la mañana hasta que <u>se pone</u> el sol. Nunca he trabajado de albañil porque soy camionero y es lo que voy a hacer cuando termine de <u>arreglar</u> esto». Nadie puede asegurar que Rafa <u>cobre en especies</u> y nadie, ni la policía, ni los trabajadores sociales de Los Focos, ni siquiera los enemigos de Juan <u>estarían dispuestos</u> a asegurar
20 que tiene como empleado a un yonqui. Tal vez Rafa es una más de las personas que llegan desde el barrio de San Blas para trabajar varias horas en <u>chapuzas</u> de fontanería o albañilería. No es raro ver en Los Focos a algunos albañiles de edad avanzada que salen desde <u>Vicálvaro y San Blas</u> para trabajar algunos días a cambio de 5.000 pesetas por jornada.
25 En el Consorcio, organismo dependiente del Gobierno regional y del Ayuntamiento de la capital, <u>detectaron</u> este curioso mercado laboral hace dos años cuando los inspectores <u>se percataron</u> de que algunos jóvenes permanecían durante demasiado tiempo en determinadas chabolas. «Empezamos a preguntarles que dónde dormían y si trabajaban de albañiles y nos fuimos dando cuenta, tras meses y meses de
30 observación, que se trataba de una verdadera relación de esclavitud», <u>indicaron</u> inspectores del consorcio.

En el Consorcio para el Realojamiento aseguran que el principal <u>asentamiento</u> de esclavos está en Los Focos, «pero también los hay en sitios como La Veguilla, aunque ahí es más difícil controlarlos (...).»

*Francisco Peregil, EL PAIS, 21-6-1990*

## Anotaciones

(1) a cambio de: por, para obtener — (2) poblados (m.p.) chabolistas: zonas de chabolas — (4) albañil (m.): [Maurer] — (5) sirviente (m.f.): [Hausangestellter] — fontanero (f.): [Klempner] — (7) competir: luchar para obtener trabajo — (10) Los Focos: zona de chabolas de Madrid — (12) ladrillo (m.): [Ziegelstein] — reja (f.): [Gitter] — baldosa (f.): [Fliese] — (13) ostentoso/a: suntuoso/a [prunkvoll] — (15) vaqueros (m.p.): pantalones vaqueros [Jeans] — currar: trabajar — (16) ponerse: aquí: [untergehen] — (17) arreglar: reparar [in Ordnung bringen] — (18) cobrar en especies; aquí: recibir drogas por el trabajo que se hace — (19) estar dispuesto/a: [bereit sein] — (21) chapuza (f.): pequeña reparación — (23) Vicálvaro y San Blas: barrios de Madrid — (26) detectar: descubrir, constatar — (27) percatarse: notar, darse cuenta — (30) indicar: explicar, comunicar — (32) asentamiento (m.); aquí: concentración

## Cuestionario de estudio

### Elaboración y comprensión

#### A) Preguntas sobre el texto

1. ¿Para quién trabajan los toxicómanos de los que habla el texto?
2. ¿Qué trabajos realizan?
3. ¿Qué reciben por su trabajo?
4. ¿Quién es Juan?
5. ¿Qué profesión tiene Rafa?
6. ¿Para quién trabaja Rafa?
7. ¿Por qué no se puede probar que Rafa trabaja a cambio de droga?
8. ¿Cuándo y por qué se dieron cuenta las autoridades de la existencia de estos posibles «esclavos»?

#### B) Léxico y gramática

I Exprese de otra forma las siguientes expresiones.
1. La chabola de Juan es la más ostentosa de Los Focos.
2. Rafa curra desde la nueve de la mañana hasta que se pone el sol.
3. Los «yonkis» cobran en especies.
4. La policía detectó la existencia de este tipo de esclavitud hace dos años.
5. Trabajan varias horas en chapucerías de fontanería y albañilería.
6. El principal asentamiento de «esclavos» está en Los Focos.
7. Se trata de una verdadera relación de esclavitud.

II Ponga en el estilo indirecto.

  Las Madres contra la Droga de Cantabria hemos escuchado recientemente a algunos políticos decir que el problema de la droga ya no crece en nuestro país y que ya hay asistencia suficiente. Nos gustaría que esos políticos viniesen a nuestras casas, a nuestros barrios y pueblos, y viesen a nuestros miles de hijos y vecinos aguantando enormes listas de espera para ingresar en centros, o buscándose la vida. Nos imaginamos por qué dicen que el problema no crece: porque cada vez mueren más jóvenes toxicómanos, lo que les libera a ellos del trabajo de atenderles. Pero los que aún quedan aquí tienen cada día más problemas de falta de atención y asistencia, marginación, represión policial y carcelaria sin alternativas sociales y educativas ...

Las organizaciones que trabajamos voluntariamente con ellos nos vemos igualmente discriminadas y desatendidas, faltas de subvención y comprensión, y a menudo reprimidas y apaleadas cuando protestamos. Mientras, a muchos jóvenes que ni siquiera conocemos, tenemos que acogerles en nuestras propias casas, alimentar, vestir, curar, buscar y enviar a centros por nuestra propia cuenta y pagándolo de nuestro propio bolsillo, ante la falta de respuesta de las instituciones correspondientes. Señores políticos: paséense por nuestras casas, por nuestros barrios, y véanlo. El problema crece. Y la hipocresía de ustedes, también.

*Encarnación Randó, EL PAIS, 5-2-1993*

a) Encarnación Randó, portavoz de su asociación, declara que ...
b) Encarnación Randó, portavoz de su asociación, declaró que ...

III Complete las frases con la preposiciones que hagan falta.
(Repaso del empleo del infinitivo)
1. ¿Qué pensáis ... hacer el domingo próximo? — 2. Creemos ... haberte comprendido. — 3. Cuando acabe ... llover saldremos. — 4. Aquella tarde decidimos ... quedarnos en casa. — 5. El no se ha decidido ... acompañarnos. — 6. El no se atrevía ... mirarme. — 7. Se negaron ... decir donde habían estado aquella tarde. — 8. Es mejor ... esperar unos días. — 9. Estamos decididos ... no movernos de aquí. — 10. Estamos dispuestos ... ayudarte. — 11. Klaus es siempre el primero ... terminar los ejercicios. — 12. Les hemos invitado ... pasar unos día con nosotros. — 13. María ha olvidado ... avisarnos. — 14. Me parece que va ... comenzar ... llover. — 15. Don Paulino no ha conseguido ... persuadirles. — 16. No tardaréis ... saber toda la verdad. — 17. Luisa se ha olvidado ... enviarme el diskette. — 18. No tengo ganas ... salir. — 19. Nos ha prometido ... acompañarnos. — 20. Pidieron ... hablar inmediatamente con el director. — 21. Su comportamiento comienza ... molestarme. — 22. Su hermano pequeño aprende ... ir en bicicleta. — 23. Ya va siendo hora ... volver a casa. — 24. Es difícil ... controlar la zona.

## Análisis y comentario

1. Resuma y estructure el contenido del texto.
2. ¿Qué hacen algunos toxicómanos para obtener sus dosis de droga?
3. ¿Qué dice el texto de «Rafa»?
4. ¿Por qué se sospecha que Juan haya podido dar empleo a drogadictos?
5. ¿Existe la posibilidad de libertar a los «yonkis» de su situación de esclavitud»?
   Justifique su respuesta.

# HABLA UN DROGODEPENDIENTE DE 33 AÑOS

«Empecé a los 22 ó 23 años, después de la mili. Fue por probarlo, por ver a unos y a otros que lo hacían. Y por <u>ignorancia</u>, claro, pues había poca información. Hoy, sí, te lo repiten por todos los lados que es malo. Pero entonces no sabías nada. Ahora hay muchos anuncios. Yo no les <u>hago caso</u>, pero están bien. Sobre todo para la
5 juventud. Yo ya <u>no tengo remedio</u>. Ya son muchos años y al <u>mono</u> le tengo tanto miedo que ni lo intento ...
    Hace unos años intenté dejarlo. Me estuve <u>quitando</u> 21 días. Me encerré con mi familia en el chalet de mi cuñado. Pero cuando pisé Madrid, caí de nuevo. Mis dos hermanos, pequeños, chico y chica – somos cinco en total – también <u>están engancha-
10 dos</u>. Ellos lo han intentado dejar en <u>El Patriarca</u>, pero nada.
    Empecé <u>metiéndo</u>me la heroína <u>en vena</u>. Desde hace un año la <u>esnifo</u>. Me meto todas las <u>rayitas</u> que puedo, pero de <u>jeringuillas</u> ya nada. Mínimo necesito unas 3.000 pesetas diarias. El gramo de <u>caballo</u> está entre las 7.000 y las 8.000 pesetas. Ha bajado mucho, cuando yo empecé el gramo costaba 14.000 pesetas y no de la buena.
15 Yo la compro normalmente a los gitanos en <u>La Celsa</u> o en <u>El Pozo</u>. Y hay que <u>pagar a tocateja</u>, <u>de fiado</u> nada. Lo máximo que me he gastado en un día han sido 20.000 pesetas. Pero no he robado ni en mi casa ni en la de mis padres, que viven cerca. No me hace falta. Yo me hago mis <u>trapicheos</u>, pero no vendo droga. Vivo con mi mujer, que sabe mi historia y la <u>tiene asumida</u>, y con mi hija de 13 años y que estudia 7º de
20 EGB y voy casi todos los días a ver a mis padres. Mi madre trabaja en la limpieza, y mi padre era albañil, pero desde hace unos meses <u>se le han cruzado unas venas</u> y se ha quedado como <u>ido</u>.
    Yo <u>era el ojito derecho de</u> mi padre. En mi relación con la familia, con quien mejor me llevaba era con él. Me llevaba a pescar al río Alberche, no lejos de la casa. Él
25 pescaba a mano. Esto ocurrió desde la infancia hasta los 10 años. Pero <u>recurro</u> poco <u>a</u> los recuerdos... En realidad piensas casi todo el tiempo en la droga, por lo menos cuando empieza el mono. Yo pienso en el caballo. La coca te deja fuera de ti. Aparte de los nervios que te entran, ves unas cosas rarísimas, te crees que te están <u>persi-guiendo</u>.

*Juan José Seijas, CRUZ ROJA, Junio de 1992*

# Anotaciones

(2) ignorancia (f.): desconocimiento [Unkenntnis] — (4) hacer caso: tener en cuenta [beachten] — (5) no tener remedio: ser un caso sin solución — mono (m.): síndrome de abstinencia de la droga [Entzugserscheinungen] — (7) quitarse: abstenerse de tomar drogas — (8) pisar Madrid: volver a Madrid — (9) estar enganchado/a: ser drogadicto — (10) El Patriarca: centro de recuperación para drogodependientes — (11) meterse en

vena: inyectarse [fixen] — esnifar: [schnupfen, schniefen] — (12) rayita (f.): dosis en polvo — jeringuilla (f.): inyección [Spritze] — (13) caballo (m.): heroína — (15) La Celsa y El Pozo: dos barrios de Madrid — pagar a tocateja: pagar al contado — (16) de fiado: [auf Kredit] — (18) trapicheo (m.): compra y venta de productos — (19) tener asumido: aceptar — (21) se le han cruzado unas venas: ha tenido un ataque cardíaco — (22) ido/a; aquí: [verrückt] — (23) ser el ojo derecho de: ser la persona preferida de — (25) recurrir a: [greifen zu] — (28) perseguir: [verfolgen]

# Cuestionario de estudio

## Elaboración y comprensión

### A) Preguntas sobre el texto

1. ¿Cuándo comenzó Juan a tomar drogas?
2. ¿Qué motivos le llevaron a tomar drogas?
3. ¿Por qué dice Juan que él es un caso sin solución?
4. ¿Ha intentado Juan alguna vez desengancharse?
5. ¿Qué dice Juan de los precios de la droga?
6. ¿Qué hace Juan para poder comprar la droga?
7. ¿Dónde trabaja la madre de Juan?
8. ¿Trabaja su padre también?
9. ¿Tuvo Juan buenas relaciones con su padre durante su infancia?
10. ¿Qué dice Juan de los efectos de la toma de cocaína?

### B) Léxico y gramática

I  En el texto hay algunas términos empleados en el mundo de la droga. Explique en lenguaje normal lo que quieren decir y forme una frase con cada uno de los términos.
mono (m.)
quitarse
engancharse
meterse en vena
esnifar
rayita (f.)
caballo (m.)

II Ponga el texto en el pasado.

Son las cuatro de la tarde de un día de junio, me junto con una amiga a fumar pero ni ella ni yo tenemos la droguita. Ella me dice que podemos ir al parque Forestal porque allí van jóvenes a fumar y venden papeletas. Nos vamos allí, hacemos pronto amigos en un grupo donde nos venden y ofrecen pitar. Estamos en eso cuando por todas partes aparecen policías; mala suerte, nos toman y llevan a todos detenidos a una comisaría.

Ahí nos toman los antecedentes y como soy menor de edad avisan a mi casa. Mi padre viene a buscarme. Paga la multa y el oficial le dice que la próxima vez que me sorprendan me enviarán a la casa correccional de menores. Salimos. Mi padre de un tirón me introduce en el automóvil y durante el trayecto a casa no me dice nada, ni siquiera me mira. En casa se lo dice a mi madre y ella comienza a gritarme que soy una perdida, que soy el deshonor de la familia y otras cosas por el estilo. Estoy a punto de increparle lo que yo he visto en ella, pero callo. Mi padre me hace subir al dormitorio, me obliga a desnudarme y después me da tal golpiza como yo nunca me he imaginado. Paso cinco días sin poder moverme, toda morada y adolorida... A partir de eso ya nada me interesa. Pocos días después, mis padres me llevan al «living». Mi Padre, después del «living» me mira de pies a cabeza y me advierte y jura por su nombre que si vuelven a tomarme detenida en lo mismo, no hará nada por mí. Paso algún tiempo sin hacerlo. En casa mis padres riñen continuamente. Se recriminan e insultan hasta en la mesa... Te puedes imaginar que mis nervios ya no aguantan más; me encierro horas y horas en el dormitorio, llorando sin consuelo; quiero huir, sólo que no sé adónde. Un día, sola, vuelvo al parque nuevamente; fumo pero no me venden. Un día después, víspera de mi cumpleaños vuelvo de nuevo. La suerte no está conmigo, hay una nueva razzia y caigo detenida por segunda vez. Toman mis antecedentes y por mis ruegos avisan a mi padre pero él ya no quiere venir a buscarme.

*R. Bernal Meza, Retratos*

III Imperativo (repaso). Übersetzen Sie.
1. Dieser Regenschirm (el paraguas) gehört mir. Gebt ihn ihr nicht! — 2. Komm morgen wieder! — 3. Er will das Buch nicht lesen. Bringe es ihm nicht! — 4. Öffnen Sie [usted] die Tür, bitte! — 5. Hast du seinen Reisepaß genommen? Gib ihn ihm! — 6. Rauche nicht so viel! — 7. Ihr Zimmer ist im zweiten Stock. Zeigt es ihnen! — 8. Erklären Sie [usted] mir bitte diese Redewendung! — 9. Sprechen Sie [ustedes] mit Ihm! — 10. María weiß nicht, wo das Rathaus (ayuntamiento) ist. Zeigt es ihr! — 11. Peter braucht dieses Buch nicht mehr. Schickt es ihm nicht! — 12. Entscheiden Sie [ustedes] sich! — 13. Was ist in dieser Tasche? Sag es mir! — 14. Glauben Sie [usted] mir! — 15. Habt ihr Photos gemacht? Zeigt sie mir! — 16. Nehmen Sie [ustedes] bitte Platz! — 17. Was soll das heißen? Erklärt es mir!

## Análisis y comentario

1. Estructure y resuma el contenido del texto.
2. ¿Qué nos dice Juan de sus padres y de sus hermanos?
3. ¿Son aceptables la afirmaciones de Juan sobre su manera de adquirir la droga? Justifique su respuesta.
4. Analice el lenguaje empleado por Juan y determine a qué tipo de escritos pertenece.

# LAS OTRAS VÍCTIMAS

Vinieron al periódico firmes y humildes a la vez. Respetuosos pero decididos. Querían que se rectificara una información en la que se dijo que un hijo suyo había fallecido posiblemente por droga adulterada.

Saltaba a los ojos que estaban sufriendo. En sus rostros cansancio y resignación.
5 En la mirada un dolor apenas contenido. Hablaban a la vez, quitándose la palabra de la boca, y callando de pronto para dejar al otro expresarse. Explicaban, con términos apresurados que se les atropellaban en los labios, que su hijo fue un buen muchacho: era formal, trabajador, cariñoso. Nunca, ni de lejos, había probado la droga.

Deseaban que la familia, sus amigos, sus vecinos, leyeran en estas mismas páginas
10 que en realidad no había existido droga, que la muerte del hijo se debió a un fallo cardíaco, «lo mismo por lo que murió su abuelo».

Antes habían acudido al juzgado para obtener un parte de defunción. Y que mostraban como un documento de fe, el certificado del forense, que simplemente reseñaba que la muerte se produjo por parada cardíaca. Sin pensar que todas las
15 muertes son por parada cardíaca. Ellos confesaban que no sabían mucho de «estas cosas» de la prensa. Estaban dispuestos a pagar la rectificación como publicidad, y a que se publicara varios días. «Si hay que pagar, pagamos lo que haga falta. Pero queremos que se publique». A la vista saltaba que no les sobraba el dinero.

Después que se insertó la rectificación quisieron venir personalmente a agradecer-
20 lo. Era gente buena. Cuando salían de aquí, la madre ya no podía aguantar más. La iban a ingresar urgentemente en un centro sanitario, agotada y destrozada por los días de sufrimiento, en los que había resistido en pie sólo hasta ver la rectificación sobre su hijo.

La droga tiene otras muchas víctimas. Son los padres, los hermanos, las esposas,
25 los hijos de los drogadictos. Padecen en silencio, intentan lo imposible, les sale el alma a la boca cada vez que oyen que alguien ha muerto por droga adulterada, o que un heroinómano ha cometido un delito para obtener dinero con el que abastecerse de caballo. Unos han gastado lo que no tenían en centros de desintoxicación, tantas veces en vano, otros visitan diariamente la cárcel.

*José Apezarena, YA, 22-8-87*

# Anotaciones

(1) humilde: [bescheiden] — (2) rectificar: corregir — fallecer: morir — (3) adulterado/a: falsificado/a — (4) saltar a los ojos: verse muy claramente — cansancio (m.): [Müdigkeit] — (5) contenido/a; aquí: reprimido/a [beherrscht] — quitarse la palabra de la boca: [ins Wort fallen] — (7) apresurado/a: [übereilt] — atropellarse en los labios: [überstürzt reden] — (10) fallo cardíaco: [Herzversagen] — (12) juzgado (m.): [Amtsgericht] — (13) documento (m.) de fe: documento que no se puede poner en duda — forense (m.): [Gerichtsarzt] — (14) reseñar: aclarar brevemente — parada (f.): [Stillstand] — (16) como

publicidad: [als Werbung] — (18) no sobrar a alguien el dinero: no tener mucho dinero — (19) insertar: publicar — (20) aguantar: [aushalten] — (21) ingresar: internar — destrozado/a: [völlig erschöpft] — (25) salir a alguien el alma a la boca: [mutlos werden] — (27) abastecerse: [sich versorgen] — (29) en vano: inútilmente

# Cuestionario de estudio

## Elaboración y comprensión

### A) Preguntas sobre el texto

1. ¿De qué había informado el periódico?
2. ¿Para qué fueron los padres a la redacción del periódico?
3. ¿Qué declararon en la redacción sobre su hijo?
4. ¿Qué decía el documento que habían recibido en el juzgado?
5. ¿Por qué tuvo que ser ingresada la madre tras la publicación?
6. ¿Qué es lo que más entristece a los familiares de los drogadictos?

### B) Léxico y gramática

I Escriba y traduzca los contrarios de las siguientes palabras.

| | | |
|---|---|---|
| adulterado/a | afirmar | trabajador/a |
| callar | cariñoso/a | decidido/a |
| firme | formal | humilde |
| lejos | nunca | posible |
| respetuoso/a | saber | sobrar |

II Complete el texto.

[Yo] (ser) madre de dos toxicómanos, de 32 y 26 años. Nuestra familia (vivir) con 35.000 pesetas de ayuda familiar que nos (conceder) al mes la Consejería de Bienestar Social de Cantabria. Mi marido y yo (estar) enfermos y no (poder) trabajar. (tener) 60 años. Mis hijos (pasar) por todas las etapas de la drogodependencia: cárcel, centros de desintoxicación, recaídas. Todos los días [yo] (pasar) al lado de los camellos que (enganchar) a mis hijos y a miles de jóvenes de Cantabria. Ahí (estar), tan tranquilos en la calle. Nadie (poner) remedio. [Yo] no (poder) pagar centros privados de rehabilitación. [Yo] (suplicar), por favor, que el Gobierno, los ayuntamientos, los diputados que ahora se (ir) a (subir) los sueldos (dejar) un poco para (crear) centros públicos de rehabilitación, para que nuestros hijos, que se (poder) recuperar, (salir) adelante, y para que los que ya no se (poder) recuperar (tener) una muerte digna. O que nos (dar) a las Madres contra la Droga de Cantabria un caserón o cualquier recurso para que [nosotras] los (recoger) y (asistir), porque hasta ahora el Gobierno y los ayuntamientos (prometer) ayuda y recursos, pero no (hacer) nada, o lo que (hacer) (más medidas policiales, más marginación) (ser) destructivo para nuestros hijos y para sus familias.

*Felisa Blázquez Casilla, EL PAIS, 1-11-1991*

III Empleo del subjuntivo (repaso). Traducción

1. Ich will nicht, daß Sie umsonst kommen. — 2. Sie schickt mir immer Geschenke, ohne daß ich weiß warum. — 3. Ich glaube nicht, daß er zu Hause ist. — 4. Er gab zu, daß er gelogen hatte. — 5. Ich freue mich sehr, daß Sie uns endlich besucht haben. — 6. Zu Hause ist niemand, der sie erwartet. — 7. Er sagt, daß er nicht kommen will. — 8. Ich hoffe, daß er bald gesund wird. — 9. Ich meine, daß du mehr Chancen als alle anderen hast. — 10. Er gibt nicht zu, daß er sich getäuscht hat. — 11. Er sagt, daß er nicht kommen wird. — 12. Ich hoffe, daß er es verstanden hat. — 13. Er sagt, daß du kommen sollst. — 14. Er wagt nicht zu fragen, ob er drei Tage länger bleiben darf.

## Analísis y comentario

1. Exponga con sus propias palabras la situación en que se encontraban los padres del difunto y lo que querían obtener con su ida a la redacción del periódico.
2. ¿Consiguieron lo que se habían propuesto?
3. El autor menciona en la última parte del texto a «otras víctimas» de la droga. Exponga en una diez líneas la dificultades, que en su opinión, tienen que afrontar estas personas.

# HAY QUE ABRIR NUEVOS CAMINOS

«Eminencias Reverendísimas, Excelencias, Excelencias Reverendísimas, Señoras y Señores: Quiero hacer llegar a todos los presentes mi satisfacción por haber sido invitada a tomar parte en este foro, promovido por el Consejo Pontificio de la Pastoral de los Agentes Sanitarios, que en poco tiempo, desde que en 1985 fue creado por el Santo Padre ha alcanzado hacerse oír en todos los rincones del mundo, de la mano de Monseñor Fiorenzo Angelini.

Mi saludo, también, a los Agentes Sanitarios, ponentes y demás participantes que han intervenido en esta VI Conferencia Internacional, cuyas aportaciones, del mayor interés para todos, espero ayuden a abrir nuevos caminos en la lucha contra las drogas y el alcoholismo, auténtica plaga que nos acosa en los postreros años de este siglo y cuya dimensión, universal, configura una de las mayores limitaciones a la libertad, hasta ahora conocidas.

El problema de las drogas y el alcoholismo está presente en nuestra vida cotidiana igual que los están otros problemas de notoria gravedad, pero de forma más penetrante y continuada, y ambos influyen de manera patológica en la tendencia irrenunciable de la persona humana a la búsqueda de la felicidad.

La droga altera esas aspiraciones, las degenera y las destruye, ofreciendo sugerentemente una fórmula engañosa para librarnos de nuestros males. Engañosa, porque para evadirnos de las dificultades que encontramos en la vida, nos quita la propia vida. Es un mito al revés. Y ha elegido prioritariamente a la juventud porque es en ella donde se da el terreno más fértil y permeable para esa seducción que proporciona un paraíso que llega rápido y secuestra eficazmente.

El alcoholismo ataca igualmente la libertad humana, condicionando nuestros actos y comportamiento, al actuar como un medio de evasión de la realidad cotidiana. Refugio de incomprensiones, fracasos y soledades, nos hace más insolidarios y violentos, trasladando al entorno familiar y social una frustración afectiva y emocional que actúa lenta y degenerativamente.

Las drogas y el alcohol dañan la biología y modifican el comportamiento del individuo y la sociedad, y es ahora, en los umbrales de una nueva era, cuando ambos aparecen como un freno radical a la libertad, la convivencia y la felicidad de los hombres.

La actual crisis de valores éticos, la pervivencia de numerosas injusticias sociales, la quiebra familiár y las distorsiones en la convivencia, así como el desempleo y el desarraigo son, entre otras muchas, circunstancias determinantes de estos fenómenos sociales, cuya gravedad crece de día en día, afectando a todo el tejido social sin distinción de fronteras, ni geográficas, ni económicas, ni políticas, ni raciales.

Ante esta realidad, ¿cuál es la tarea que deben afrontar los responsables políticos de la sociedad, los maestros, educadores, padres de familia, y en este caso concreto, los agentes sanitarios, para romper este dogal que atenaza a nuestra sociedad?

En primer lugar, pienso que es necesario actuar a través de una política preventiva global. Sólo por medio de la educación integral de los niños, del relanzamiento de los proyectos personales de los adolescentes, de la atención a las exigencias sociales de integración, de la mejora de la calidad de vida, podrá eliminarse una buena parte de la demanda de droga y de sus consecuencias, sin olvidar, naturalmente, la asistencia completa, global y personalizada que <u>precisan</u> las personas ya afectadas.

<u>Similares</u> consideraciones a las expuestas para las drogas, con su realidad diferenciada y específica, <u>será preciso</u> aplicar para el alcoholismo.

En segundo lugar, parece indiscutible que, tanto la política preventiva como el establecimiento de respuestas terapéuticas para los afectados, sin que dejen de ser una responsabilidad de los poderes públicos, nunca podrán ser <u>eficazmente</u> desarrolladas sin el <u>imprescindible</u> apoyo familiar, y el <u>compromiso</u> solidario de la sociedad en su conjunto.

La aceptación de las personas con <u>adicción</u>, para que la corrección de su problema no se confunda con la marginación, la discriminación o el aislamiento descalificador; el apoyo <u>mutuo</u> que permita y refuerce el largo proceso de rehabilitación; la generosa y debida ayuda que facilite la obligada <u>reinserción</u> son exigencias que dependen de nosotros, y que sólo pueden llegar a feliz <u>término</u> cuando, lejos del egoísmo, del miedo, o de la insolidaridad, <u>sean acometidas</u> con la conciencia social de estar <u>prestando ayuda</u> a nuestros hermanos más <u>desfavorecidos</u>.

Que el título genérico de esta conferencia: «Esperanza en la desesperanza», sea como la luz que guía al barco en la <u>tormenta</u>, para que con el esfuerzo diario de todos, las personas que sufren el angustioso problema de la droga y el alcoholismo puedan recuperar su libertad y su dignidad».

*Reina Sofía, ABC, 24-11-1991*

# Anotaciones

(3) promovido/a: organizado/a y patrocinado/a — (5) rincones (m.p.); aquí: partes — de la mano de: dirigido/a por — (7) ponente (m.f.): persona que habla en un foro — (8) intervenir; aquí: hablar — aportación (f.): [Beitrag] — (10) acosar: [bedrängen] — postrero/a: último/a — (13) cotidiano/a: diario/a, de cada día — (14) notorio/a: mucho/a, importante — (15) ambos: los dos — irrenunciable: [unabdingbar] — (16) búsqueda: substantivo de buscar — (17) alterar: modificar, cambiar — sugerentemente: [suggestiv] — (18) engañoso/a: falso/a [trügerisch] — (19) evadir: liberar — (20) al revés: [umgekehrt] — prioritariamente: sobre todo — (21) fértil: [fruchtbar] — permeable: [durchlässig] — (22) secuestrar: raptar [entführen] — (25) refugio (m.): albergue [Unterschlupf] — fracaso (m.): [Mißerfolg] — (26) entorno (m.): mundo que nos rodea — (29) en los umbrales: ante el comienzo — (30) freno (m.): obstáculo [Bremse] — (32) pervivencia (f.): existencia continuada — (33) quiebra (f.): fracaso, ruina — distorsión (f.): dificultad grave — desempleo (m.): paro obrero — (34) desarraigo (m.): pérdida de la raíces [Entwurzelung] — (35) tejido (m.) social: capas de la sociedad — (39) dogal (m.): atadura [Strick] — atenazar: [peinigen] — (41) relanzamiento: [Ankurbelung] — (45) precisar: necesitar — (46) similar: semejante, parecido/a — (47) ser preciso: ser necesario — (50) eficazmente: eficientemente — (51) imprescindible:

insustituible [unentbehrlich] — compromiso (m.): [Engagement] — (53) adicción (f.): dependencia — (55) mutuo/a: recíproco/a, de unos a otros — (56) reinserción (f.): reintegración [Wiedereingliederung] — (57) término (m.): fin — (58) acometer: abordar [in Angriff nehmen] — (59) prestar ayuda: ayudar — desfavorecido/a: pobre [bedürftig] — (61) tormenta (f.): [Sturm]

# Cuestionario de estudio

## Elaboración y comprensión

### A) Preguntas sobre el texto

1. ¿Quién había organizado la conferencia en la que habló la Reina?
2. ¿Cuándo fue creado el foro?
3. ¿Por qué altera y degenera el consumo de drogas la tendencia humana a buscar la felicidad?
4. La Reina nombra indirectamente alguna de las causas que originan la drogadicción y el alcoholismo. ¿Cuáles son esas causas?
5. ¿A qué capas sociales afecta el consumo de drogas?
6. La Reina menciona dos medidas para afrontar el problema del consumo de estupefacientes.
   ¿De qué medidas se trata?
7. ¿Piensa la Reina que las medidas de la Administración pueden resolver el problema?
8. ¿Qué pide la Reina a la sociedad?

### B) Léxico y gramática

I Escriba los substantivos que corresponden a los siguientes verbos.

| abrir | acosar | actuar | afectar |
|---|---|---|---|
| afrontar | alcanzar | alterar | aparecer |
| aplicar | atacar | atenazar | ayudar |
| buscar | condicionar | configurar | confundir |
| crear | crecer | dañar | degenerar |
| depender | destruir | elegir | eliminar |
| encontrar | evadirse | exponer | facilitar |
| influir | intervenir | invitar | modificar |
| olvidar | prevenir | promover | recuperar |
| romper | secuestrar | seducir | sufrir |

II Transforme las partes subrayadas en frases verbales.
1. La droga constituye una de las mayores limitaciones a la libertad, hasta ahora conocidas.
2. Las drogas modifican el comportamiento del individuo.

3. Las injusticias sociales, los problemas familiares y el desempleo pueden ser <u>causas determinantes de la drogadicción</u>.
4. Para afrontar eficazmente estos problemas hay que actuar <u>a través de una política preventiva global</u>.
5. En las raíces del fenómeno de la drogadicción se encuentra muchas veces <u>un vacío existencial debido a la ausencia de valores y a la falta de confianza en sí mismo</u>.
6. La droga ofrece <u>una fórmula engañosa y esclavizante</u> de seducción.
7. La política preventiva y de rehabilitación no obtendrán el éxito deseado <u>sin el apoyo de la familia y el compromiso solidario de la sociedad</u>.

III Dictado preparado

**Contra todas las drogas**

Me parece una gran incoherencia y una tremenda hipocresía que todos los medios de comunicación públicos y privados sean capaces de hacer compatibles sus habituales secciones de lucha contra la droga, con la inserción habitual y continuada de anuncios y cuñas televisivas, radiofónicas y escritas que nos recuerdan las excelencias del consumo de tabaco y alcohol.

No conozco las cifras exactas, pero, si sumamos las muertes e incapacidades que cada año produce, directa o indirectamente, el consumo de alcohol y tabaco, el resultado es inmensamente mayor al producido por el consumo de hachís, cocaína, heroína...

Hace unos días vi en televisión un anuncio de la Dirección General de Tráfico que mostraba las consecuencias trágicas de un accidente producido por la conducción bajo los efectos del alcohol; segundos más tarde, una famosa modelo me invitaba a «enrolarme» con un aguardiente. ¿Cómo se puede permitir esto? Que no me vengan con la patraña de que los medios de comunicación tienen que financiarse con la publicidad para ser independientes. Esto se llama poner el cazo, con una venda en los ojos y una pinza en la nariz.

El «camello» de la esquina debería intentar anunciar su mercancía en los medios; no sé con qué argumento se lo impedirían, y si, ademas paga bien ...

*Juan Calero Carrero, EL PAIS, 12-5-1993*

# Análisis y comentario

1. Resuma y estructure el contenido del texto.
2. Doña Sofía define a la droga como un «mito al revés».
   Consulte en una enciclopedia la definición de «mito» y explique con sus propias palabras la definición de la Reina.
3. ¿Qué dice el texto del alcohol?
4. Al final del texto se habla del apoyo familiar y del compromiso solidario de toda la sociedad para prevenir contra la toma de drogas y posibilitar la reinserción de los drogadictos.
   ¿Piensa usted que se trata de elementos realmente eficaces para combatir la peste de la drogadicción?
   Justifique su respuesta.

# MADRES CONTRA CAMELLOS

Angeles tiene un hijo de 16 años metido en «eso» que amenaza a la familia, que ha vendido enseres y que está a punto de terminar con lo que le queda. Ella y sus vecinas tiraron al mar el ciclomotor de un camello. Era algo más fácil que echar a los traficantes que se disputan la salud de los hijos de los que han muerto ya seis. Las «madres de la droga» de Adra (Almería) llevan pañuelos negros en sus manifestaciones diarias desde hace un año.

Adra tiene unos 30.000 habitantes y está situada en la costa de Almería, muy cerca de tierra granadina. No hay allí más droga que en otros pueblos ni más drogadictos, en eso parece haber acuerdo. Lo que hay, como dice el alcalde, Joaquín Navarro Imberlón, es más preocupación y valor ante lo que ocurre. Por eso existe una plataforma social, una asociación, Vida, y el llamado grupo «madres de la droga» en el que hay unas 300 mujeres.

Son ellas las que a las 10.30 se reúnen frente al ayuntamiento con sus pañuelos negros y por la tarde abandonan los culebrones para ir al puerto a encararse con los vendedores de droga sufriendo a veces sus amenazas.

Tras un año de manifestaciones y protestas han conseguido algún policía más y la marcha de algunos conocidos traficantes. Lo malo es que los propios drogadictos viajan a otros pueblos y venden heroína, cocaína o hachís a cambio de sus propias dosis.

María Teresa Aguilera, presidenta de la asociación Vida, explica que es muy duro ver a unos individuos que cada día, siempre en los mismos sitios, «venden a tu hijo una droga que le cambia y le vuelve contra su propia familia». Y es más duro constatar que no hay policía, Guardia Civil y Policía Local suficiente para acabar con eso. «Es mejor que la Administración tome cartas en el asunto y se haga cargo de que se está jugando con los sentimientos de las madres», recuerda.

¿Y los padres? «Las mujeres dicen que los hombres no hacen nada, sólo echar a los hijos de casa cuando se ponen difíciles», señala. En 1991 hubo en Adra 133 delitos conocidos y sólo 45 esclarecidos. 106 personas fueron detenidas y de ellas 23 por asuntos de droga. En las 15 operaciones contra el narcotráfico en la localidad se intervinieron 1.049 kilos de hachís, 23 de heroína y 30 de cocaína. La policía reconoce dos muertes por sobredosis, aunque las madres dicen que son al menos seis.

Angeles no sabe leer ni escribir, ignora lo que pueda ser la «ley Corcuera», pero sabe perfectamente, porque lo ve cada día, que en casa «sólo tengo las camas para dormir». El resto fue vendido por su hijo. Y añade: «Y no me puedo descuidar porque un día me mata a mí y a todos».

Hasta las últimas elecciones municipales, el alcalde de Adra era el presidente provincial del PP, Enrique Arance. Ahora es un socialista y nadie ha advertido cambios en lo que al asunto se refiere. Navarro Imberlón dice que está esperando a que se apruebe la «ley Corcuera» para actuar en consecuencia. Los policías locales hacen horas extraordinarias y se manda a Vícar, a un centro privado, a los toxicómanos que lo desean.

Las madres <u>han congelado</u> una huelga de hambre ante la <u>promesa</u> del alcalde de que habrá más policía y que a los drogadictos se les <u>proporcionará</u> plaza en centros de rehabilitación.

*Angel González, EL PAIS, 3-2-1992*

# Anotaciones

(1) «eso»: se emplea este pronombre para evitar la palabra «droga» — amenazar: [drohen] — (2) enseres (m.p.): muebles — (3) tirar: lanzar [werfen] — (4) disputarse: luchar por obtener (con la dependencia de las drogas el drogadicto pierde la salud) — (5) pañuelo (m.): [Kopftuch] — (8) granadina: de Granada (provincia de Andalucía) — (10) valor (m.): coraje, ánimo — (14) abandonan los culebrones: no ven las series de la televisión — encararse con: enfrentarse con — (17) marcha (f.); aquí: huida — (22) cambiar: modificar — volver contra: hacer enemigo de — (24) tomar cartas en: tomar decisiones sobre — hacerse cargo de: darse cuenta de — (26) echar: [werfen] — (27) señalar; aquí: afirmar, decir — (30) intervenir: requisar, encontrar [beschlagnahmen] — (32) «ley (f.) Corcuera»: proyecto de ley en el que se prevé perseguir con más dureza que hasta ahora la drogadicción — (34) no descuidarse: poner mucha atención [gut aufpassen] — (37) PP (m.): Partido Popular — advertir: darse cuenta de, constatar — (42) congelar: interrumpir, no continuar — promesa (f.): [Versprechen] — (43) proporcionar: tramitar, posibilitar

# Cuestionario de estudio

## Elaboración y compresión

### A) Preguntas sobre el texto

1. ¿Quién es Angeles?
2. ¿Qué hizo Angeles con otras mujeres?
3. ¿De quién era la moto?
4. ¿Dónde está la ciudad de Adra?
5. ¿Es una población muy grande?
6. ¿Por qué se habla más de la droga en esta población que en otras ciudades de España?
7. ¿Qué hacen todos los días algunas miembros de «madres de la droga»?
8. ¿Qué han conseguido estas mujeres en el último año?
9. ¿Cómo reaccionan los drogadictos ante la escasez de vendedores?
10. ¿Quién es María Teresa Aguilera?
11. ¿Qué pide esta mujer a la Administración?

12. ¿Es que los padres se comprometen tambien en la lucha contra la droga?
13. ¿Qué números concretos se mencionan en el texto sobre el consumo de droga en Adra?
14. ¿Qué se puede constatar en las estadísticas sobre la criminalidad en Adra a lo largo del año 1991?
15. ¿Por qué tiene Angeles miedo de su hijo?
16. ¿Ha cambiado la situación después de la elecciones municipales?
17. ¿Por qué han interrumpido las madres una huelga de hambre?

## B) Léxico y gramática

I Exprese de otra manera.
1. Las familias tienen que vender <u>sus enseres</u>.
2. Los traficantes de droga <u>se disputan la salud de los jóvenes de esta ciudad</u>.
3. La madres <u>abandonan los culebrones</u> para ir al puerto.
4. La Administración tiene que <u>tomar cartas en el problema de la droga</u>.
5. Hasta ahora <u>no se han advertido cambios</u>.
6. Las madres <u>han congelado la huelga de hambre</u>.
7. <u>Angeles tiene un hijo metido en «eso» que amenaza la familia</u>.
8. Las madres <u>se encaran con los camellos</u>.

II Complete las frases con las palabras que preceden a cada número.

### Una discoteca lucha contra la droga

*de — ha comenzado — luchar — no alcohólicas — transparentes*

1. La colocación de puertas ... en la entrada de los servicios y la expedición de bebidas ... en las sesiones de tarde, frecuentadas por los jóvenes ... menor edad, son algunas de las medidas que ... a adoptar una discoteca segoviana para ... contra la droga.

*compañía — establecimiento — local — necesario — de que — que — se puede*

2. El dueño del ..., Nacho Sevilla, afirma que él se ha propuesto ... los clientes del ... se den cuenta ..., para divertirse, no es ... consumir drogas, «sino que ... disfrutar igual o más, bailando, ligando o en ... de los amigos.»

*elementos — en este — en la — impedir — puertas*

3. El control ... entrada de los servicios o la colocación de ... transparentes en sus accesos pueden ser ... disuasorios para ... la drogadicción, al menos ... local.

A.M., *EL PAIS*, 28-12-1992

III Complete las frases. (Repaso del empleo del subjuntivo)
1. Me quedaré en el bar mientras [tú] (comprarse) el vestido. — 2. Tiraron su moto al río después que (constatar) que era de los que (vender) heroína a sus hijos. — 3. En cuanto [yo] la (ver) le comunicaré lo que acabas de decirme. — 4. Los padres echan a sus hijos de casa cuando (ponerse) difíciles. — 5. El último que (salir) cerrará la puerta. — 6. Cuando [nosotros] (volver) te vendremos a ver. — 7. Las madres lucharán hasta

que (conseguir) lo que se han propuesto. — 8. [Nosotros] haremos lo que usted nos (decir). — 9. Tan pronto como [tú] lo (saber) avísame. — 10. Habrá que arreglar todo antes de que tu madre (llegar). — 11. Luchó hasta que (conseguir) la libertad de su pueblo. — 12. Salí antes que mi hermano (llegar). — 13. Cuando [tú] (volver) del trabajo [nosotros] podemos dar una vuelta por la ciudad. — 14. Mientras (durar) las obras tendremos que dejar el coche en el garaje. — 15. Mientras [tú] (llamar) por teléfono, podré ir a un quiosco a comprar unas postales.

## Redacción

Resuma en diez o doce líneas lo que el texto dice de Angeles

# LIBERAR DE LAS SECTAS

El continuo incremento del número de jóvenes que son captados por las sectas religiosas es un fenómeno que afecta a todas las naciones europeas y a varias del Tercer Mundo. En nuestro país, son, sobre todo los padres quienes se están organizando para intentar conseguir que sus hijos u otros jóvenes tengan la oportunidad de salir de las sectas cuando lo deseen.

«Soy Mercedes. Tengo una hija de veinticinco años y otros tres hijos varones. Mi hija se fue de casa con los Niños de Dios. Tropezó con ellos por la calle y la convencieron. No sabemos donde está. Lo último que nos dijeron es que había tenido dos hijos y que se encontraba en una nación iberoamericana. No sabemos tampoco si está casada, porque los Niños de Dios suelen practicar la prostitución y la trata de blancas. Queremos que nuestra hija vuelva. Nosotros daríamos todo lo que tenemos para ayudarla.»

Este es el testimonio de una madre que hace ocho años perdió a su hija. Hoy es una de las personas que formaron la Asociación Projuventud, que junto a otras dos asociaciones – IJZYS y Libertad están llevando adelante un inmenso esfuerzo para ayudar a los jóvenes captados por las sectas a replantearse su futuro y a poder decidir con libertad lo que quieren hacer con su vida.

Projuventud nació en Barcelona hace pocos años. Durante este curso han logrado poner en funcionamiento en aquella ciudad un centro de rehabilitación de adeptos, dirigido por un médico, un psicólogo clínico y un asistente social. Fruto de esta actividad ha sido la decisión de diez jóvenes que han abandonado ya las sectas a las que pertenecían.

Según estudios sociológicos, son varios miles los jóvenes españoles que han sido captados por las sectas; algunos de ellos han sido «convencidos» para abandonar el país y realizar una labor proselitista en el extranjero. Normalmente, a estos jóvenes les piden todo lo que tienen y los bienes que puedan tener en el futuro como fruto de la herencia que reciban de sus padres.

Los jóvenes son captados en cualquier lugar; calles, colegios, universidades o centros de recreo. La edad preferida es entre los dieciséis y dieciocho años, aprovechando la crisis de adaptación que es frecuente en esa edad o la etapa excesivamente idealista que atraviesan en ese momento. Les ofrecen un interés total por su persona; les invitan y muestran un grupo unido, hermanado y muy feliz aparentemente. Les ofrecen respuestas para todo, aunque luego no se las den.

S.R., ABC, 23-7-1987

# Anotaciones

(1) incremento (m.): aumento — captar: seducir [verlocken] — (2) afectar a: concernir a [betreffen] — (7) Niños de Dios (m.p.): secta fundada en California por David Berg — tropezar: encontrarse con — (10) trata (f.) de blancas: [Mädchenhandel] — (13) testi-

monio (m.): declaración [Zeugnis] — (14) formar; aquí: crear, fundar — (15) llevar adelante: realizar — (16) replantearse: volver a pensar sobre — (18) nació: fue fundado/a — curso (m.); aquí: año escolar — (20) fruto (m.): resultado [Ergebnis] — (25) labor (f.) proselitista: [missionarische Tätigkeit] — (27) herencia (f.): [Erbschaft] — (29) centros (m.p.) de recreo: [Erholungszentren] — (31) atravesar: pasar por [durchmachen] — (32) hermanado/a: [brüderlich] — aparentemente: a primera vista [anscheinend]

# Cuestionario de estudio

## Elaboración y comprensión

### A) Preguntas sobre el texto

1. ¿Constituyen las sectas un problema para España únicamente?
2. ¿Qué pretenden obtener los padres que se han organizado?
3. ¿Quién es Mercedes?
4. ¿En qué secta entró su hija?
5. ¿Dónde se encuentra su hija actualmente?
6. ¿Qué sabe Mercedes de su hija?
7. ¿Cuánto tiempo lleva la hija de Mercedes en la secta?
8. ¿Qué es Projuventud?
9. ¿Qué ha conseguido Projuventud en el último año escolar?
10. ¿Para qué envían determinadas sectas a algunos de sus miembros al extranjero?
11. ¿Qué exigen algunas sectas de sus miembros?
12. ¿Cuál es la edad más apropiada para reclutar adeptos?

### B) Léxico y gramática

I Traduzca los substantivos que siguen y escriba el verbo que les corresponde.

| | | |
|---|---|---|
| adaptación (f.) | adhesión (f.) | asociación (f.) |
| contacto (m.) | crecimiento (m.) | decepción (f.) |
| decisión (f.) | delito (m.) | estafa (f.) |
| frustración (f.) | funcionamiento (m.) | herencia (f.) |
| incremento (m.) | iniciación (f.) | interés (m.) |
| obediencia (f.) | objeción (f.) | oferta (f.) |
| promesa (f.) | rehabilitación (f.) | respuesta (f.) |
| salvación (f.) | sueño (m.) | temor (m.) |
| testimonio (m.) | tratamiento (m.) | violación (f.) |

II Complete con las preposiciones que hagan falta.
Sectas condenadas y puestas fuera ... la ley ... otros países atraen ... jóvenes españoles ... promesas ... felicidad y ... un mundo mejor, ... la vez que siembran el desconcierto y el dolor ... las familias. Cuando Maruja Lanillo va ... compras a El Corte Inglés , muchas veces se detiene ... la entrada, ... el grupo de jóvenes que venden libros y folletos ... la

llamada Familia del Amor. «... ocasiones llevan ... sus hijos ... ellos – cuenta Maruja –; son unos niños tristes, que no hablan ni sonríen, pero yo me acerco ... acariciarlos porque podrían ser mis nietos. Pienso entonces que ... algún lugar del mundo, quizá también ... las puertas ... unos grandes almacenes, mi hija vende también los mismos libros junto ... mis dos nietecitas». La hija ... Maruja Lanillo desapareció ... 1980, ... dieciocho años recién cumplidos, ... entrar en la Familia del Amor – llamada también Niños de Dios –, una secta creada ... el norteamericano David Berg y que ha sido disuelta ... Francia ... 1978 ... la acusación ... imponer ... sus adeptos la prostitución como un modo ... hacer proselitismo. Las últimas noticias que Maruja y su marido han tenido ... su hija son de hace cuatro años; ... ellas supieron que estaba ... Sudamérica y que tenía dos niñas. «Viajamos ... Chile, donde la habíamos localizado – explica Maruja –, y luego ... Argentina; pero cuando llegábamos al lugar ... el que nos guiaban las pistas, ya la habían trasladado. La última referencia que tuvimos ... ella fue una postal ... Tacoma, en el norte de Estados Unidos, ... la que nos decían que no insistiéramos ... la búsqueda porque no la volveríamos ... ver jamás».

III Ponga en discurso indirecto el fragmento que va de la línea 6 a la línea 12.
La señora dijo que ...

IV Pronombres relativos
1. Das Mädchen, mit dem du gesprochen hast, ist die Schwester meines Freundes. — 2. Die Bücher, die ich brauche, sind teurer, als ich gedacht habe. — 3. Das ist die Dame, von der Klaus gesprochen hat. — 4. Das Land, wo die Leute nicht vor Mitternacht schlafen gehen, ist ohne Zweifel Spanien, dessen Bewohner aber auch später aufstehen (levantarse). — 5. Der Großvater meines Freundes, der in Barcelona wohnte, kam ihn jedes Jahr besuchen. — 6. Das Haus, in dem wir wohnten, war nicht sehr geräumig. — 7. Der Bruder meiner Freundin, der in Aachen die Technische Universität besucht, will Ingenieur werden (quiere ser ingeniero). — 8. Diejenigen, welche die Letzten sind, werden die Ersten sein. — 9. Die Sache, auf die ihr euch bezieht, ist komplizierter, als sie scheint. — 10. Der Film, von dem die ganze Stadt spricht, ist für Kinder nicht geeignet (no apto para menores). — 11. Die Häuser, hinter denen schöne Gärten liegen, sind bereits ziemlich alt. — 12. Die Sätze, die wir zu übersetzen hatten, waren nicht so leicht, wie man hätte annehmen können.

## Análisis y comentario

1. Resuma en unas diez líneas el contenido del texto.
2. ¿Qué dice Mercedes de su hija?
3. Enumere y comente las causas que explican la enorme aceptación que tienen las sectas en la juventud de nuestros días.

# DROGA Y JUVENTUD

Las drogas constituyen una de las pestes contemporáneas que han convertido zonas de nuestras ciudades en un infierno. Heroína, cocaína, cannabis ... forman parte de un tenebroso supermercado ilegal al que acuden sobre todo los jóvenes, con siniestra puntualidad. Sin embargo, tabaco y alcohol están incorporados en nuestra vida cotidiana con una naturalidad, sin duda, inconsciente; no obstante, las cifras confirman que en todos los casos de consumo de drogas ilegales se ha dado antes el obligado paso por un consumo previo de alcohol y tabaco.

Se suele insistir en este hecho pero parece que no lo suficiente, como si esa invisible barrera entre droga legal e ilegal dividiera dos mundos ajenos, y no es así. Ambos forman parte de un camino con el mismo sentido e idéntico final, sólo es una cuestión de grados y de ritmos. Es por ello que la sociedad debe afrontar sin cínicas demoras la destrucción de este falso muro. Porque es durante la adolescencia cuando se toma la decisión de traspasar el umbral de la degradación física y del posterior rechazo social. Los factores que intervienen son múltiples: ambiente familiar, adaptación escolar, estructuras socioeconómicas del lugar de residencia, abuso de alcohol y tabaco por los adultos próximos, todo ello determina un más rápido acceso a la toxicomanía. Pero no sólo éstos. Cuando un problema cotidiano transforma la convivencia en un infierno, no es sólo un estrato social y económico el afectado, sino que ocupa todas las capas sociales. En el perfil del joven toxicómano, la afirmación de unas confusas señas de identidad frente a desequilibrios emocionales intervienen de manera tan radical como en otros casos las carencias económicas, lo que convierte en un conflicto interclasista lo que parecía dirigido a unos supuestos básicos de supervivencia o marginalidad. A este carácter interclasista no ha sido ajena la frivolidad de ciertos intelectuales que «popularizaron» el consumo de drogas como un signo de modernidad y prestigio. Posteriormente un perturbado concepto del éxito social y de la «marcha» en el cuerpo han convertido a la cocaína en la droga ilegal preferida por jóvenes profesionales de brillante «currículum».

No hay, pues, rincones a los que no haya llegado esta peste contemporánea. Entonces, ¿cuáles son las soluciones? La contestación de médicos y sociólogos es concluyente: «No existen conclusiones instantáneas para las drogas», «la rehabilitación de un toxicómano es una historia larga que puede volver atrás varias veces». Pero al realismo de los especialistas se une también una convicción para el futuro: la verdadera solución está en la formación de unos principios sólidos en la educación de los hijos, una constante prevención en el ámbito escolar, una adecuada imagen del prestigio social difundida a través de los medios de comunicación, una mayor sensibilidad pública ante los problemas juveniles, pero sobre todo, evitar la frivolidad suicida de quienes tienen la enorme responsabilidad de formar a las generaciones futuras.

*Editorial, ABC, 9-2-1992*

# Anotaciones

(1) contemporáneo/a: de nuestro tiempo — (3) tenebroso/a: oscuro/a [finster] — acudir: ir con frecuencia [herbeieilen] — siniestro/a: funesto/a [unheilvoll] — (7) previo/a: anterior [vorhergehend] — (9) ajeno/a: totalmente distinto/a — ambos/as: los/las dos — (11) afrontar: luchar contra — demora (f.): pérdida de tiempo — (13) umbral (m.): barrera [Türschwelle] — (15) múltiples: muy diferentes — (16) acceso (m.): [Zugang] — (18) convivencia (f.): vida en común — (19) capa (f.) social: clase social — perfil de (m.); aquí: elementos que definen a — (21) carencia (f.): necesidad [Mangel] — (23) no ser ajeno/a: tomar parte activa — (25) perturbado/a; aquí: falsificado/a, corrompido/a [entstellt] — (27) rincón (m.); aquí: lugar, campo — (29) contestación (f.): respuesta — (30) instantáneo/a: que se puede dar rápidamente — (32) convicción (f.): [Überzeugung] — (34) prevención (f.): precaución [Verhütung] — ámbito (m.): campo — (37) suicida: [selbstmörderisch]

# Análisis y comentario

1. Resuma y estructure el contenido del texto.
2. ¿Qué es lo que lleva a jóvenes de nuestra sociedad al consumo de drogas?
3. El autor acusa a la sociedad de hacer diferencia entre las «drogas permitidas» y las drogas «no permitidas».
   ¿Cómo justifica su acusación?
4. ¿Qué reprocha el autor a algunos intelectuales?
5. ¿Cómo cree el autor que se puede solucionar el problema de la drogadicción?
   ¿Comparte usted la opinión del autor?
   Fundamente su respuesta.

# V
# JÓVENES DE HOY

# UN JOVEN DE MADRID

El día en que Antonio Sánchez Tudero encuentre trabajo será un joven completamente feliz. El futuro es para él poder trabajar de mecánico especializado y la sonrisa de su novia, sobre todo <u>al caer la tarde</u>.

Antonio tiene veintitrés años y ha estudiado Formación Profesional Mecánica.
5 Cuando pasea por su barrio, San Blas, en Madrid, mientras espera encontrarse con algún amigo, piensa que la felicidad, después de todo, no es mucho más que un vaso de cerveza en la barra del bar y la <u>certeza</u> de que <u>mañana</u> no tendrá que salir a <u>recorrer</u> las calles <u>en busca de</u> trabajo. Porque en la vida de Antonio sólo existe una <u>obsesión</u>: trabajar para construir sus <u>modestos</u> sueños. «Yo tenía muchas esperanzas en la vida,
10 pero están desapareciendo. No puedo mirar al mañana con demasiado optimismo.»

Antonio mantiene con sus padres una relación sin problemas drásticos. Siempre ha sido así y cree que siempre lo será. Le gustaría que su propia familia, si algún día puede casarse con Toñi, fuese la síntesis de las <u>virtudes</u> que encuentra hoy en su <u>hogar</u>. «No tengo motivo para dejar a mis padres. No hay <u>imposiciones</u> de casi ningún tipo,
15 sólo las naturales».

Antonio solamente se considera marginado en el aspecto laboral, «los que tienen el dinero son los culpables», aunque es consciente de que en su barrio existe una profunda <u>depresión</u> a todos los niveles. No le gustan ni las drogas duras ni las blandas. Políticamente es indiferente; cree, sobre todo, en sí mismo. Se considera <u>perteneciente</u>
20 a la generación de los ochenta, con un solo <u>matiz</u>: «Aunque estoy <u>desengañado</u> de esta sociedad, tengo ilusión y esperanzas».

Por ahora la ilusión más inmediata de Antonio es la hora en la que Toñi sale de trabajar. Antonio, como otros muchos jóvenes, vive una adolescencia que se alarga como un fresco <u>chicle</u> de fresa.

*Carmen Rico Godoy, Cambio 16, 17-6-1985*

# Anotaciones

(3) al caer la tarde: al final de la tarde — (7) certeza (f.): seguridad — mañana; aquí: un día, en el futuro — recorrer: ir, andar por — (8) en busca de: para buscar — obsesión (f.): [fixe Idee] — (9) modesto/a: [bescheiden] — (13) virtud (f.): [Tugend, Wert] — hogar (m.): casa, familia — (14) imposición (f.): [Belastung] — (18) depresión (f.): [gedrückte Stimmung] — (19) perteneciente : que pertenece, que forma parte de [zugehörig] — (20) matiz (f.); aquí: diferencia — desengañado/a: decepcionado/a [enttäuscht] — (24) chicle (m.): [Kaugummi]

# Cuestionario de estudio

## Elaboración y comprensión

### A) Preguntas sobre el texto

1. ¿Qué edad tiene Antonio?
2. ¿De qué le gustaría trabajar a Antonio?
3. ¿Qué espera Antonio del futuro?
4. ¿Tiene Antonio problemas en su casa?
5. ¿Qué nos dice el texto de su novia?
6. ¿A quién culpa Antonio de la mala situación laboral?
7. ¿Se puede decir que Antonio está desesperado?

### B) Léxico y gramática

I Forme y traduzca los adverbios que corresponden a los siguientes adjetivos.

| | | |
|---|---|---|
| brutal | completo/a | cierto/a |
| consciente | decidido/a | desesperado/a |
| drástico/a | feliz | fiel |
| inmediato/a | leal | material |
| modesto/a | natural | pacífico/a |
| profundo/a | seguro/a | prudente |
| tímido/a | enorme | claro/a |

II Complete las frases.
1. María (tener) veintitrés años y una idea muy clara de lo que (hacer) si (tener) dinero.
2. La duración de la infancia (irse) (alargar) cada vez más. Los padres (prolongar) la niñez de sus hijos, incluso cuando (acabar) los estudios y esto (llevar) consigo que muchos hijos (mantenerse) sin grandes preocupaciones en el calor del hogar hasta después de (cumplir) los treinta años.
3. Muchos jóvenes que (acabar) sus estudios no (encontrar) un trabajo apropiado que les (permitir) (ganarse) la vida con independencia de sus familiares.
4. Los poderes públicos (preocuparse) más de (reprimir) la delincuencia que de (atajar) las causas sociales que la (hacer) posible; entre las cuales también (encontrarse) la falta de lugares de trabajo.

III Transforme las frases empleando el gerundio.
1. Si Antonio trabajara, sería un hombre feliz.
2. Cuando no hay imposiciones, la vida familiar es más pacífica.
3. Recorre las calles de Madrid para buscar trabajo.
4. Aunque es consciente de que va a tener muchas dificultades, confía en el futuro.
5. No pueden casarse ya que no tienen dinero.
6. Entra en un bar y espera encontrarse con algún amigo.
7. Todavía vive en casa de sus padres dado que no tiene dinero para marcharse.
8. Si trabajaran más, obtendrían lo que quieren.

9. Ha acabado Formación Profesional y no puede colocarse.
10. Cuando salí de casa me encontré con un amigo de mi hermano.
11. Aunque están bien preparados, les es difícil encontrar un empleo.
12. Cuando Juan se levanta oye música.

## Análisis y comentario

1. Resuma y estructure el contenido del texto.
2. ¿Se puede decir que Antonio es un pesimista?
   Justifique su respuesta.
3. En la última frase del texto leemos: «Antonio, como otros muchos jóvenes, vive una adolescencia que se alarga como un fresco chicle de fresa».
   Comente el contenido de esta frase.
4. ¿Hasta qué punto puede ser el entorno en el que tienen que vivir los jóvenes de hoy una de las causas de su inseguridad y falta de ilusiones?

# VOLVER A LA CÁRCEL

Antonio Rial Gasamans pasó a la clandestinidad hace dos meses y medio. Dos hombres le pararon por la calle y le dijeron: «Rial, te reclama el juez; tienes que ir a comisaría». El Gobierno había denegado su petición de indulto, por lo que se dictó contra él una orden de busca y captura, a la que se han sumado otras dos en las últimas
5 semanas. De poco le sirvió a este santiagués de 25 años su esfuerzo por dejar la heroína y su nueva vida de militante del comité local antisida y de una asociación de ayuda a presos. El largo historial delictivo que acumuló en su adolescencia le acompaña como un estigma. «¿Qué quieren? ¿Condenarme para toda la vida?», se lamenta desde su escondite.
10 «Sí, estoy ligeramente tocado», dice Antonio Rial con una amarga sonrisa al confesar que es portador de anticuerpos del sida. «Hombre, estoy bien, pero mi salud no es muy estable. Lo mismo me pillo una gripe y me bajan las defensas». En diciembre tenía que haber pasado una revisión en el Hospital General de Galicia, pero no se atrevió a ir por miedo a que le identificasen los guardias de seguridad del centro.
15 Desde que tomó la decisión de esconderse de la justicia, apenas sale a la calle. «Sólo de noche y mirando para todas partes. Me conocen todos los policías de Santiago», comenta mientras camina con un grupo de periodistas por un monte de las afueras de esa ciudad. Antonio Rial quiere tomar todas las precauciones posibles, incluso en sus entrevistas con los medios de comunicación, a los que cita de noche
20 en discretos descampados.

Ha pasado una docena de veces por prisión y no está dispuesto a regresar allí, un lugar que para él sólo evoca palabras como droga, marginación y hambre, los fantasmas que logró derrotar hace ahora tres años. «Volver a la cárcel me desequilibraría física y mentalmente», explica sin poder ocultar cierta crispación. «Yo no he
25 luchado por desengancharme y dejar de delinquir para acabar otra vez encerrado, en un ambiente lleno de droga. La cárcel no rehabilita a nadie, sólo genera más odio en la gente».

Hijo de un albañil que se quedó inválido en un accidente laboral, dos de sus seis hermanos están entre rejas tras seguir un camino parecido al suyo. Antonio Rial plantó
30 sus estudios al terminar EGB, aguantó poco tiempo como empleado de una farmacia y con 17 años empezó a chutarse. Hasta los 22 años caminó por el lado salvaje tan rápido como pudo. Pisó por primera vez la cárcel acusado de destrozar una barra americana.

A partir de entonces los síndromes de abstinencia contribuyeron a incrementar su
35 historial de atracador.

«Supongo que serían la pobreza y la falta de educación las que me condujeron a la droga. Son los pecados de juventud. ¿No dijo Felipe González que su antiamericanismo había sido un pecado de juventud? Pues él sigue pidiendo votos y a mí me quieren condenar para toda la vida». Antonio Rial desliza sus argumentos con gran
40 precisión y alude con frecuencia a asuntos de la actualidad política.

Desde que logró enderezar su vida, se entregó a las actividades comunitarias en su barrio de Vite (un polígono de viviendas sociales con los habituales problemas de drogadicción y delincuencia juvenil) y es un destacado miembro del comité antisida de Santiago.

45 Pero ni los políticos locales ni el arzobispado han contestado todavía a su petición de solidaridad y la suerte de Rial sólo parece importarle a la única concejal del Bloque Nacionalista Gallego (BNG), Encarna Otero, en el consistorio santiagués y a los grupos de la izquierda radical.

El Gobierno le denegó el indulto a pesar de que presentó numerosos informes
50 médicos que certificaban su total rehabilitación de la droga. A partir de entonces los jueces fueron implacables «dogmáticos», dice él – y dictaron tres órdenes de busca y captura por procesos en los que está acusado de robo con intimidación. Antonio Rial ya fue condenado a cuatro años y nueve meses y está pendiente de otro juicio en el que se le piden nueve años de prisión.

55 Mientras su abogado intenta convencer al Gobierno y a los jueces, Antonio lucha en su vida clandestina contra la desesperación, contra el miedo «a pasar de todo y que te dé igual lo que hagan contigo». Pero presiente que su fracaso personal sería también el de aquellos que pretenden encerrarle. «Si al final vuelvo a la cárcel sería tanto como reconocer que es imposible la reinserción».

*Xosé Hermida, EL PAIS, 3-2-1992*

## Anotaciones

(2) juez (m.): [Richter] — denegar: no aceptar — (4) orden (f.) de busca y captura: [Fahndung] — sumarse: juntarse — (5) santiagués (m.): habitante de Santiago de Compostela — (6) antisida: contra el sida — (8) estigma (m.): marca imborrable [Brandmal] — (9) escondite (m.): lugar donde está oculto [Versteck] — (10) estar tocado/a; aquí: estar contaminado/a — amargo/a: [bitter] — (11) portador (m.): que tiene en su cuerpo — (12) lo mismo me pillo una gripe y me bajan las defensas: es posible que coja una gripe y disminuya mi inmunidad — (15) esconderse: [sich verstecken] — (18) afueras (f.p.): [Umgebung] — (19) citar: invitar [bestellen] — (20) descampado (m.): zona muy poco habitada — (22) evocar: hacer recordar — (23) fantasma (m.): [Gespenst] — derrotar: vencer — desequilibrar: hacer perder el equilibrio [Gleichgewicht] — (24) crispación (f.): tensión interior — (25) desengancharse: dejar de tomar drogas — delinquir: cometer delitos — (26) generar: originar, crear — (28) albañil (m.): [Maurer] — (29) estar entre rejas: estar en la cárcel — plantar sus estudios: dejar de estudiar — (30) aguantar; aquí: estar trabajando — (31) chutarse: tomar drogas — por el lado salvaje: como una bestia — (32) pisar la cárcel: ser encarcelado — barra americana: [Aufreißladen] — (34) incrementar: aumentar — (35) atracador (m.): [Einbrecher] — (37) pecado (m.): [Sünde] — (39) deslizar; aquí: formular — (40) aludir: referirse a — (41) enderezar: mejorar — (43) destacado/a: importante — (46) suerte (f.); aquí: destino, futuro [Schicksal] — concejal (m.f.): [Ratsmitglied] — (47) consistorio (m.): ayuntamiento — (51) implacable: inexorable, inflexible — (52) robo (m.) con intimidación: [Diebstahl mit Nötigung] — (53) estar pendiente de: [wartet auf ihn] — (57) presentir: [ahnen]

# Cuestionario de estudio

## Elaboración y comprensión

### A) Preguntas sobre el texto

1. ¿Cuánto tiempo hace que vive Antonio Rial en la clandestinidad?
2. ¿Qué le dijeron dos señores en la calle?
3. ¿Cuál es la causa por la que Antonio no se entrega a la policía?
4. ¿Por qué no es el estado de salud de Antonio muy estable?
5. ¿Por qué no se presentó a la revisión que se le tenía que hacer en el Hospital General de Galicia?
6. ¿Dónde recibe Antonio a los periodistas que le quieren hacer entrevistas?
7. ¿Cuántas veces ha estado ya Antonio en la cárcel?
8. ¿Por qué no está dispuesto a volver a la cárcel?
9. ¿Qué dice el texto de la familia de Antonio?
10. ¿Cuánto tiempo estuvo en la escuela?
11. ¿Cuándo comenzó a drogarse?
12. ¿Por qué fue encarcelado la primera vez?
13. ¿Qué es lo que, según él, le ha llevado a la droga?
14. ¿Qué dice Antonio de Felipe González?
15. ¿A qué se dedicó Antonio después de dejar la droga?
16. ¿Quién es la única persona «política» que se preocupa del futuro de Antonio?
17. ¿De qué tiene ahora miedo Antonio?

### B) Léxico y gramática

I Exprese de otra forma las frases siguientes.
1. El tribunal dictó contra él una orden de busca y captura.
2. El largo historial delictivo de su adolescencia le acompaña como un estigma.
3. Ha luchado para desengancharse y dejar de delinquir.
4. Dos hermanos de Antonio están entre rejas por haber seguido un camino parecido al suyo.
5. A los 17 años comenzó a chutarse y, hasta la edad de 22 años, caminó por el lado salvaje tan rápido como pudo.
6. Antonio está pendiente de otro juicio en el que se le piden nueve años de prisión.
7. Para él, la cárcel sólo evoca los fantasmas que logró derrotar hace ahora tres años: droga, marginación y hambre.
8. Antonio logró enderezar su vida.
9. Unos médicos han certificado su total rehabilitación de la droga.

II Formule preguntas que puedan corresponder a las siguientes respuestas.
1. El padre de Antonio se quedó inválido <u>en un accidente</u>.
2. Antonio es ahora un miembro muy activo <u>del comité antisida de Santiago</u>.
3. No está dispuesto a volver <u>a la prisión</u>.

4. <u>Su total rehabilitación</u> fue atestada por los médicos.
5. Antonio lucha <u>contra el miedo a pasar de todo</u>.
6. Piensa que <u>la vuelta a la cárcel</u> lo desequilibraría física y mentalmente.
7. No sale a la calle <u>desde que tomó la decisión de esconderse de la justicia</u>.
8. Antonio dejó de estudiar <u>al terminar EGB</u>.
9. Pisó por primera vez la prisión <u>acusado de destrozar una barra americana</u>.

III Pronombres personales (Repaso)
1. Besucht ihn nicht! — 2. Das Glas ist neben dir. Reichst du es mir, bitte? — 3. Die Nelken sind sehr schön. Ich habe sie ihr geschenkt. — 4. Er hat es mir nicht gesagt. — 5. Er kennt die Stadt gut. Er hat sie uns gezeigt. — 6. Hast du meinen Kugelschreiber genommen? Gib ihn mir! — 7. Klaus weiß nicht, wo das Krankenhaus ist. Zeigt es ihm! — 8. Ich erkläre es dir. — 9. Er erklärt es ihr nicht. — 10. Ich habe hier meine Photos. Ich zeige sie euch. — 11. Ich habe nichts gegen ihn. — 12. Ich möchte mit dir darüber sprechen. — 13. Ich stelle euch meinen Freund Paul vor. — 14. Ich werde es dir sagen. — 15. Ihr Zimmer ist im zweiten Stock. Zeigt es ihnen! — 16. Peter braucht dieses Buch nicht. Schickt es ihm nicht! — 17. Rechne mit mir! — 18. Sag es mir! — 19. Seine Eltern kennen seine Freundin nicht. Er hat sie ihnen noch nicht vorgestellt. — 20. Was ist passiert? Erzählt es mir! — 21. Wo ist mein Schlüssel? Habe ich ihn dir gegeben? — 22. Ich habe schon davon sagen hören.

## Análisis y comentario

1. Resuma con sus propias palabras lo que el autor nos dice de la vida de Antonio.
2. ¿Por qué no está dispuesto Antonio a que lo encarcelen?
3. Antonio se compara con Felipe González.
   ¿Qué pretende hacer ver por medio de esta comparación?
4. ¿Se debería indultar, en su opinión, a este joven?
   Fundamente su respuesta.

# SOÑADORES IRREALES

Recibo con frecuencia cartas larguísimas de muchachos o muchachas que me cuentan sus vidas, sus proyectos, sus esperanzas, que piden una orientación o un consejo.

Estoy leyendo ahora la carta de Elisa, una muchacha de veintipocos años que, desde hace cinco, tiene un sueño: irse a trabajar en alguna escuela, en algún hospital, en algún centro de promoción a Iberoamérica. O a Africa. O donde sea ¿Y por qué no realiza su sueño? Primero no sabe cómo puede hacerse eso. Ella conoció a una amiga que le contó la apasionante historia que ella había vivido en Bolivia o no sé dónde. Y le dio la dirección a la que tenía que dirigirse. Pero después nuestra buena amiga continuó indecisa, porque en realidad quería y no quería. Esperaba, como ella me dice, que alguien pasara por su lado, la llamara por su nombre, le resolviera todos los problemas materiales y le dijera: Vente conmigo». Pero, de pronto, la carta de Elisa cambia de tema. Y lo que ahora me cuenta es que es un desastre en sus estudios. Fue, en sus años de BUP y COU, una muchacha normal que aprobaba sin mayores dificultades sus cursos. Ahora, desde que empezó su carrera, las cosas han ido cada vez peor. Suspende y suspende y se siente incapaz de seguir adelante. Para colmo, se ha metido en la tela de araña de las mentiras: en su casa dice que está estudiando tercero, pero en realidad le queda sin aprobar buena parte de primero. Esta mentira la separa de sus amigas, pues cuando éstas se ponen a hablar de estudios, ella no sabe qué decir, huye de la conversación. Y acaba huyendo también de sus amigas. Y – dice – «no sé qué me pasa. Estoy totalmente apática. Cada vez retengo menos las cosas, me siento insegura, en falta. Y me pregunto si algún día llegaré a trabajar en lo que realmente me gusta. Me falta la fuerza, la voluntad. Me gusta aprender cosas, pero no estudiarlas. Y lo peor es que me he acostumbrado a esta situación y ya no sé cómo hay que hacer para salir de ella».

Estamos ante el caso típico de la soñadora que padece las dos enfermedades más comunes en la juventud (la falta de coraje en la preparación y la indecisión ante la acción) y que, además, ignora que estas dolencias sólo puede curárselas un médico: ella misma.

La primera enfermedad consiste en olvidar que no hay persona donde no hay esfuerzo. Cuando los hombres nacemos no nos dan un alma construida, nos dan los materiales para edificarla. Nadie sabe lo que no ha aprendido.

La otra enfermedad es la permanente indecisión entre varias tareas. A éstos buena parte de la vida se les escapa en pensar lo que van a hacer.

Y ya he dicho que estas dos enfermedades sólo puede curarlas el mismo que las padece. Los demás pueden darnos un consejo, una opinión. Pero ni los consejos ni las opiniones construyen lo que es tarea de la propia voluntad.

*José Luis Martín Descalzo, Blanco y Negro, 11-11-1990*
(Texto ligeramente adaptado)

# Anotaciones

(1) con frecuencia: muchas veces — larguísimo/a: muy largo/a — (3) consejo (m.): [Rat] — (5) sueño (m.): deseo [Traum] — (6) centro (m.) de promoción: escuela profesional — (8) apasionante: emocionante [mitreissend] — (10) indeciso/a: que no toma una decisión — (11) pasar por su lado: preocuparse de alguien — (13) en sus estudios: en su vida de estudiante universitaria — (14) en sus años de BUP y COU: cuando estudiaba en el Instituto de Enseñanza Media [Gymnasium] — aprobar: [bestehen] — (15) carrera (f.): estudios universitarios — ir cada vez peor: empeorarse — (16) suspender: [durchfallen, sitzenbleiben] — (17) tela (f.) de araña: [Spinnennetz] — mentira (f.): [Lüge] — estar estudiando tercero: estar en el tercer curso de la universidad — (19) ponerse a: comenzar a — (20) huir de: evitar [meiden] — (21) retener; aquí: aprender — (22) sentirse en falta: sentirse culpable — (26) padecer: [leiden] — (27) coraje (m.): trabajo y constancia — (28) dolencia (f.): enfermedad — curar: [heilen] — (30) persona (f.); aquí: personalidad — (33) tarea (f.): trabajo, profesión [Aufgabe] — (34) escapar: irse, huir

# Cuestionario de estudio

## Elaboración y comprensión

### A) Cuestiones sobre el texto

1. ¿Por qué escriben algunos jóvenes a José Luis Martín Descalzo?
2. ¿De quién es la carta de que nos habla el autor?
3. ¿Cuál es el deseo de Elisa?
4. ¿Qué le había contado una amiga?
5. ¿Por qué no se trasladó a Sudamérica?
6. ¿Cómo fue la vida escolar de Elisa?
7. ¿Qué problemas tiene ahora con sus padres y con sus amigas?

### B) Léxico y gramática

I Escriba y traduzca los substantivos que corresponden a los siguientes verbos.

| | | | |
|---|---|---|---|
| realizar | olvidar | curar | empeorar |
| pedir | padecer | conocer | mejorar |
| resolver | ignorar | continuar | preocuparse |
| construir | preguntar | separar | despreocuparse |
| edificar | huir | nacer | sentir |

II Ponga en el estilo indirecto el fragmento que va de la línea 20 («no sé que me pasa ...») hasta el final de la línea 25.
a) Ella dice que ...
b) Ella me dijo que ...

III Complete las frases.
1. Elisa no quería tomar una decisión y (esperar) que los que la (rodear) (solucionar) sus problemas.
2. En su casa oculta la verdad y (tener) miedo de que sus padres (enterarse) que [ella] no (frecuentar) el curso que (decir).
3. José Luis Martín Descalzo decía que (ser) necesario que [nosotros] (trabajar) porque lo que [nosotros] (llamar) personalidad (ser) algo que cada uno (tener) que (construirse).
4. Me pregunto si algún día [yo] (llegar) a (ser) lo que (querer).
5. No quería que sus amigas (comenzar) a (hablar) de los estudios porque ella no (saber) qué (decir) y (rehuir) la conversación.
6. No entendemos para qué (tener) que (estudiar) materias que ni (ser) interesantes ni nunca nos (ir) a (servir).
7. Los demás nos pueden (dar) un consejo para que [nosotros] (resolver) nuestros problemas, pero la solución la (deber) (encontrar) nosotros mismos.
8. Una amiga de Elisa le habló abiertamente a fin de que (salir) de la situación en la que (encontrarse) y (dejar) de (mentir), porque sin sinceridad no (poder) (liberarse) de la tela de araña en la que (meterse).
9. Quiero (trabajar) en un centro social de un país en vías de desarrollo para (conocer) la situación real en la que (encontrarse) los habitantes de aquellos países.
10. Me temo que mucho de lo que [tú] (decir) no (ser) toda la verdad.

IV Reconstruya la carta que pudo haber escrito Elisa a José Luis artín Descalzo.

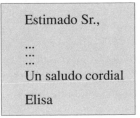

Estimado Sr.,

...
...
...

Un saludo cordial

Elisa

# Cuestionario de estudio

1. Resuma en unas diez líneas el contenido del texto.
2. Explique con sus propias palabras las causas que han contribuido a dejar a Elisa en el estado de depresión en el que se encuentra.
3. El autor menciona dos actitudes negativas de la juventud de nuestros días. Describa brevemente esas dos actitudes.
4. ¿En qué medida puede ser «el mundo de los adultos» una de las causas de la apatía que constatamos en nuestros jóvenes?
5. José Luis Martín Descalzo no nos dice concretamente lo que respondió a la muchacha que le había escrito la carta.
¿Qué aconsejaría usted a Elisa?
Fundamente su respuesta.

# LA TRAVESÍA DEL «CAMELLO»

Luis nació en un pueblo de La Mancha que no quiere recordar. Llegó a Madrid hace 11 años para hacer la <u>mili</u> y se quedó en la ciudad. Iba descubriendo cafés, fiestas, <u>verbenas</u> ... . «Aquello fue muy fuerte, y más para un <u>chaval</u> que venía del siglo pasado. Al terminar la mili lo tenía claro: me buscaba la vida en Madrid o me volvía al tractor. Seguí el camino habitual: <u>mensajero</u>, <u>repartidor</u> de propaganda, vendedor de libros ... hasta que <u>me harté de</u> que me explotaran».

«Yo siempre he fumado <u>porros</u>, desde el día en que llegué aquí. Empezó en la calle. Vendía para fumar yo, para hacer amigos y para conocer a la <u>basca</u>. Después de un par de años, me di cuenta de que tenía una clientela fija. En realidad, era lo único que tenía. Deje los intentos de <u>currar</u> y me dije: voy a vivir un poco la vida. Ahora lo hago desde casa y para un grupo muy reducido de colegas». Luis recibe una media de 10 visitas al día, que pueden llegar a <u>triplicarse</u> en los fines de semana.

Su clientela le compra 12 gramos (4.000 pesetas) o 25 gramos de hachís (8.000). Nunca pasa una cantidad menor. «Es el consumo habitual. Tengo un cliente que trabaja en TVE, otro que dirige una agencia de viajes, varios empleados de banco, incluso un policía. En fin, mis colegas: hemos crecido juntos. Son gente situada que viene por casa y me cuenta sus cosas. Tienen unos 30 años y llevan fumando tanto como yo. A veces, para una fiesta o un concierto, me piden algo de <u>coca</u>. Pero muy controlado todo. A alguno le he dicho que no le <u>pasaba</u> más coca porque veía que <u>se estaba enganchando</u> y que empezaba a vivir para <u>meterse</u>. Heroína no he pasado en mi vida, ni pasaré».

«Lo difícil de este negocio es saber pararse. Yo <u>tengo asumido</u> que no voy a hacerme rico. Puedo ganar 150.000 pesetas al mes; 200.000 a veces. Lo importante es <u>cerrar bien el círculo</u>». Luis se cambia de casa cada dos o tres años. Es la manera de <u>depurar</u> a la clientela que no le gusta.

Luis se levanta tarde y escucha música o lee. Le gustan sobre todo las biografías de personajes históricos. Ha leído últimamente una de Isabel la Católica. Lo que lleva peor es la relación con su <u>compañera</u>, a la que conoció cuando llegó a Madrid: «No le gusta mucho el <u>rollo</u> y <u>se mosquea</u>. Pero yo le digo que dónde vamos a ir sin formación, sin oficio. Esto nos permite vivir con libertad y a nuestro aire». Su compañera estuvo trabajando, pero ahora está cobrando el paro.

La <u>acomodación</u> del camello responde a la estabilidad de una generación «que se quedó <u>colgada</u> de Pink Floyd con el porro en la mano», define Luis. En otros <u>ámbitos</u>, la situación ha cambiado. «Entre la gente más joven, eso de hacerse un porro está mal visto. Estos <u>van a lo bestia</u>: se lo meten todo y se <u>desmadran</u> una noche, o se lo hacen de coca-cola. Mi clientela <u>se relaja</u> con el par de porros que se fuma cuando llega a casa, y se olvida del jefe y del <u>atasco</u>. Con el <u>canuto</u> mantienen también cierto <u>rollo</u> contestatario y exótico. Vamos que les gusta, como otros se toman sus <u>cubatas</u> o se van al bingo».

Luis constata que cada día hay menos gente que se dedica al tráfico de hachís. «Ya casi nadie se arriesga. Si te <u>pillan</u>, depende del <u>juez</u>, no de la cantidad ni de la sustancia. Además es mucho más fácil mover coca o <u>caballo</u> que un <u>piedrón</u> de hachís.

Y el beneficio, por supuesto, es muchísimo mayor. Yo sigo con el costo porque es lo que fuman mis amigos. Lo que tenían que hacer es legalizar esto, porque el consumo es habitual y masivo. Y, por supuesto, yo no creo la cantinela de que el porro es el primer escalón para el pico. Al que se va a quedar con la jeringa colgando se le ve desde el principio».

«También han cambiado los hábitos de distribución», afirma Luis. «Eso de bajarse al moro son pamplinas. Ya nadie baja ni sube. La droga la mueven grandes mafias, que luego nos distribuyen a nosotros. Y nosotros, al cliente, en una cantidad media. Por eso nuestro margen de ganancia es pequeño: para el consumo propio y como sueldo medio, nada más. Si lo adulteras, te quedas sin clientes. El dinero se hace en el primer escalón. Lo que tiende a desaparecer es el camello de calle, que pasa un talego, eso sólo existe con la heroína».

¿El futuro? Pues te digo la verdad, no me lo planteo. Claro que me gustaría tener un curro y no estar siempre metido en la marginalidad y con la paranoia: «que si este me mosquea, que si para un coche enfrente de casa».

Luis se revuelve en la silla: «Yo lo que quiero es que no me consideren como un camello; yo soy otra cosa. Tengo cultura, he leído, he viajado. He luchado contra las circunstancias de mi vida como he podido. Sólo se vive una vez, tío. ¿Podría yo haber hecho lo que he hecho currelando 10 horas en una fábrica, o subido al tractor ... eh, eh?

*Carlos G. Santa Cecilia, EL PAIS, 12-5-89*

# **Anotaciones**

(2) mili (f.): servicio militar — (3) verbena (f.): fiesta popular [Kirmes] — chaval (m.): chico. muchacho — (5) mensajero (m.): [Bote] — repartidor (m.): distribuidor [Zuteiler] — (6) hartarse de: [satt haben] — (7) porro (m.): cigarrillo que contiene droga — (8) basca (f.): pandilla [Gruppe] — (10) currar: trabajar — (12) triplicarse: multiplicarse por tres — (18) coca (f.): cocaína — (19) pasar: vender — engancharse: empezar a ser drogadicto — (20) meterse: injectarse droga — (22) tener asumido: saber muy bien — (24) cerrar bien el círculo: no complicarse la vida — (25) depurar: limpiar; aquí: liberarse de — (28) compañera (f.); aquí: mujer con la que se vive — (29) rollo (m.): el mundo de la droga — mosquearse: [sich ärgern] — (32) acomodación (f.): existencia — (33) colgado/a: [hängen] — ámbito (m.): lugar — (35) ir a lo bestia: comportarse sin ningún tipo de control — desmadrarse: [hemmungslos handeln] — (36) relajarse: [sich entspannen] — (37) atasco (m.): embotellamiento, congestión de vehículos [Verkehrsstau] — canuto (m): porro — rollo (m.); aquí: actitud — (38) cubata (m.): cuba-libre: mezcla de ron, o de ginebra, o de coñac con coca cola — (41) pillar: detener — juez (m.): [Richter] — (42) caballo (m.): heroína — piedrón (m.): una cantidad grande — (43) costo (m.): hachís — (45) cantinela (f.): frase o afirmación que se repite muchas veces — (46) pico (m.): [Nadel] — jeringa (f): [Spritze] — (48) bajarse al moro: meterse en el mundo de la droga — pamplinas (f.p.): tonterías — (51) margen (m.) de ganancia: lo que se puede ganar — (52) adulterar: falsificar — (54) talego (m.): porción de hachís que cuesta mil pesetas — (56) curro (m.): trabajo — (61) currelar: trabajar

# Cuestionario de estudio

## Elaboración y comprensión

### A) Cuestiones sobre el texto

1. Explique por qué se quedó Luis en Madrid.
2. ¿Cómo se convirtió en traficante de drogas?
3. ¿Qué nos cuenta de sus «clientes»?
4. ¿Por qué cambia Luis frecuentemente de domicilio?
5. ¿Qué nos dice de su compañera?
6. ¿Cómo justifica Luis su profesión?
7. ¿Qué piensa Luis de la legalización del consumo de drogas?
8. ¿Tiene preocupaciones para su futuro?
9. ¿Por qué no le gusta que lo tengan por un «camello»?

### B) Léxico y gramática

I Ordene las palabras.

1. a — actividades — atractivos — ciudades — ciudades — de — de — de — dentro — ejerciendo — en — en — están — grandes — hacen — la — la — las — las — ley — los — militar — muchachos — Muchos — no — no — pueden — que — que — quedan — resistir — rurales — se — servicio — siempre — su — urbana — vida — y — zonas

2. barrio — de — desparramadas — el — el — él — en — en — este — jeringuillas — hay — jugar — Los — muchas — niños — no — parque — por — porque — pueden — suelo

3. actualmente — bien — Entre — está — fumar — gente — joven — la — no — porros — visto

4. acabaría — Algunos — buena — con — criminalidad — De — de — debería — días — droga — ellos — en — este — existe — la — la — legalizar — modo — nuestros — parte — piensan — que — que — se — se — según

II Traducción
1. Ich habe nichts. — 2. Er hat nichts zu sagen. — 3. Niemand kommt. — 4. Ich habe nicht einmal 100 Peseten. — 5. Wir haben nichts gesehen. — 6. Ich will niemanden sehen. — 7. Sie geht niemals ins Kino. — 8. Sie grüßen nie. — 9. Er hat auch keinen Wagen. — 10. Niemand wird euch verstehen. — 11. Euch schmeckt ja gar nichts. — 12. Er schaute mich an, ohne etwas zu sagen. — 13. Warum sagt er nichts? — 14. Er hat überhaupt nichts gesagt. — 15. Bier trinke ich nie. — 16. Ich sage auch nichts. — 17. Er hat nicht einmal ein Fahrrad. — 18. Ich auch nicht. — 19. Du brauchst nicht zu zahlen. — 20. Keiner meiner Freunde wird kommen. — 21. Er geht niemals vor Mitternacht nach Hause. — 22. Sie sitzt da, ohne etwas zu tun. — 23. Er gibt mir nie etwas. — 24. Aber ich gebe ihm auch nichts. — 25. Er kommt nie pünktlich zum

Unterricht. — 26. Er hat nie Geld. — 27. Ich habe weder Zeit noch Geld. — 28. Sie besuchen keine Museen mehr. — 29. Er kommt auch nicht.

## Análisis y comentario

1. Resuma y estructure el contenido del texto.
2. ¿Qué nos dice Luis de su familia?
3. Infórmese de quiénes fueron Pink Floyd y comente (en español) la frase: «La acomodación del camello responde a la estabilidad de una generación que se quedó colgada de Pink Floyd con el porro en la mano.»
4. Luis habla de la legalización de la droga.
   ¿Le convencen sus argumentos?
   Justifique su respuesta.

# CON UN CAMIÓN BAJO EL BRAZO

Mercedes Chamorro nació «con un camión debajo del brazo». Fue entonces cuando su padre compró su primer vehículo y fundó una empresa de transportes. La casualidad ha hecho que esta circunstancia determinara su destino profesional. Sin embargo, hace seis años, cuando Mercedes comenzó a trabajar, lo hizo porque le gustaba el sector. «No llego a ser una apasionada del asunto como mi padre, que si no ve los camiones un día es como si no comiera», afirma, «pero admito que el tema me encanta. La posibilidad de viajar a menudo, el trato continuado y directo con la gente y, sobre todo, que ningún día sea igual o parecido al anterior, eso es lo que me gusta».

Mercedes tiene poco tiempo libre. Su horario comienza a las nueve de la mañana («no soy madrugadora») y acaba 12 horas después, cuando no más tarde. Durante la mañana organiza las cargas de los camiones y por la tarde realiza la labor de relaciones públicas, la parte que más le entusiasma, hablando con clientes, empresas o compañeros de la asociación. «Trabajo todo el día, hasta que no hay nada que hacer. El problema es que no sé delegar y todo tiene que pasar por mis manos», dice, más riéndose que lamentándose. «Tendré que aprender. Si no, me voy a anquilosar, y lo de quedarme quieta a los 25 años es algo que no me cabe en la cabeza». Precisamente por eso está montando en Vitoria una tienda de regalos con su hermana y su cuñado, el jugador de balonmano Cecilio Alonso. «No puedo parar».

Algún fin de semana que le queda libre, en el que no tiene que viajar por cuestiones de trabajo ni aparecen demasiados asuntos que resolver, aprovecha para salir de la ciudad – en invierno a esquiar, y cuando la nieve se acaba, al campo o a tumbarse al sol en la playa –, un respiro para que su trabajo no le impida tener vida privada.

Mercedes es la menor de tres hermanas y lleva cuatro años al frente de la empresa como directora gerente de la misma. Desde entonces decidió dejar la casa paterna y vivir sola. «Bueno, aparte de que soy bastante independiente, llegó un día en que me di cuenta que mi padre y yo estábamos todo el día hablando del trabajo. El, encantado, pero a mí me parecía excesivo. Quería tiempo para mí».

El hecho de ser mujer, y encima joven, no ha significado un obstáculo importante en el desempeño de su labor. «Creo que en ocasiones hasta me ha beneficiado» asegura con ademanes nerviosos, «aunque a veces, sobre todo los camioneros, creen que por eso voy a ser más blanda, y no es verdad. Las mujeres tenemos que demostrar cosas continuamente y por ello tengo fama de dura». Los conductores, que la conocen por «La niña», la temen por su mal genio, pero le cuentan «sus problemas», antes a ella que si su patrón fuera un hombre. «Les parezco más humana», concluye.

*L. Pérez Gil, EL PAIS, 31-5-1988*

# Anotaciones

(2) vehículo (m.); aquí: camión — fundar: crear [gründen] — empresa (f.) de transportes: [Transportunternehmen] — (3) casualidad (f.): [Zufall] — destino (m.); aquí: vida — (7) encantar: gustar muchísimo — a menudo: con frecuencia — trato (m.): contacto — (11) madrugador/a: persona a la que le gusta levantarse pronto por la mañana — (12) carga (f.): [Ladung] — labor (f.): trabajo — (13) entusiasmar: encantar, gustar muchísimo — (15) delegar: hacer responsable a otras personas — (16) anquilosarse: [sich versteifen] — (17) no caber en la cabeza: no poder comprender — (18) montar: instalar — cuñado (m.): el esposo de una hermana — (19) parar: [ruhig bleiben] — (22) tumbarse: [sich hinlegen] — (23) respiro (m.): pausa, tiempo de descanso — (25) directora gerente: directora responsable — (26) aparte de que: además de que — (29) encima: además — obstáculo (m.): dificultad, inconveniente — (30) desempeño (m.): ejecución [Erledigung] — beneficiar: favorecer — (31) ademán (m.): gesto — camionero (m.): conductor de camión — (32) blando/a: [schwach] — (34) temer: tener miedo de — genio (m.): [Laune]

# Cuestionario de estudio

## Elaboración y comprensión

### A) Preguntas sobre el texto

1. ¿De qué trabaja el padre de Mercedes?
2. ¿Le gusta mucho la profesión que ejerce?
3. ¿Dónde trabaja Mercedes?
4. ¿Cuánto tiempo lleva trabajando en esta profesión?
5. ¿Qué nos dice Mercedes de su profesión?
6. ¿De qué se lamenta?
7. ¿Qué hace Mercedes los fines de semana?
8. ¿De qué se queja Mercedes al final del texto?

### B) Léxico y gramática

I Escriba y traduzca los substantivos que corresponden a los siguientes verbos.

| | | |
|---|---|---|
| respirar | encantar | gustar |
| decidir | independizarse | impedir |
| crear | tratar | realizarse |
| fundar | viajar | parecer |
| organizar | dirigir | beneficiar |
| lamentarse | significar | perjudicar |
| demostrar | determinar | anquilosar |
| concluir | comenzar | afirmar |
| delegar | apasionarse | negar |

II Ponga las frases en el pasado.

1. Mercedes comienza a trabajar en el negocio de su padre porque le gusta el sector. — 2. Mercedes dice que muchos camioneros le cuentan sus vidas, sus proyectos y sus esperanzas. — 3. Si el padre de Mercedes no ve los camiones, es como si no comiera. — 4. Muchos jovenes están indecisos porque en realidad no saben los que quieren. — 5. Su hermana quiere que le ayude a instalar la tienda. — 6. Mercedes no espera a alguien que le resuelva los problemas. — 7. Mercedes no quiere que su padre le hable todo el día de camiones. — 8. Muchos jóvenes se sienten inseguros porque no están suficientemente preparados. — 9. Su padre está encantado de que su hija trabaje en casa. — 10. Esperamos que tomes pronto una decisión. — 11. María no sabe cómo salir de la situación en la que se encuentra. — 12. Esta chica desconfía que un día llegará a trabajar en lo que le gusta. — 13. A Mercedes no le cabe en la cabeza que algunas mujeres se queden en casa todo el día. — 14. Está chica está triste porque no ha podido realizar su sueño.


III Traducción

**La moderna**

A pesar de haber nacido en el seno de una familia madrileña conservadora, de ascendencia sevillana, arropada entre diez hermanos y cuidada por tatas desde pequeñita, a Esperanza Ruiz del Olmo le gusta ir un poco a su aire, llevar una franja de otro color en el pelo, vestirse en plan moderno y «vivir a tope».

Tiene veintitrés años, y una idea muy clara de lo que haría si tuviera dinero: «En cuanto tuviera pelas me iría de casa, descarado. Ahora estoy superagusto. No es por nada en especial. Generalmente paso de hablar con ellos hasta que llega el día de la bronca. Pero desde que empecé a trabajar llevo otro rollo diferente: ya no son las supermalas rachas de antes. Ahora estoy muy bien, pero la cosa de vivir a tu aire la encuentro fundamental. Hay cosas que no hago – y que me encantaría hacer – sólo por ellos.»

Con un padre muy mayor, de temperamento autoritario, y una madre que sufría de depresiones esperándola en casa, Esperanza acabó el bachillerato y estuvo haciendo un poco de todo (cursillos de inglés, de máquina...), hasta que le propusieron trabajar en la tienda de discos de un amigo de su hermano y le resolvieron la vida. «En la tienda estoy encantada, voy a mi aire. En casa no se meten ni con mis amigos ni con el rollo que llevo, aunque se preocupan por las horas de llegada y alucinan si no paso la noche en casa, aunque ya estén acostumbrados por mis hermanos y no les queda más remedio que pasar. Están superparanoicos con lo del alcohol y la droga, y si me ven beber una copa o fumarme un porro les puede dar un ataque. Mi manera de vestir no les gusta ni poco ni mucho: absolutamente nada.»

Esto influye en el hecho de que no suela llevar gente a casa a tomar algo, y se sienta violenta al mezclar a padres y amigos, porque no tienen nada que ver entre sí. «A mí me gustaría irme a vivir con mi novio, pero con tal de tenerlos contentos sería capaz hasta de casarme por la Iglesia en un momento dado. Y si tuviera pelas tendría mogollón de niños, porque me encantan. Pero ya con treinta y muchos años, y tarde, cuando haya vivido a tope.»

Esperanza ha pasado de una educación de «niña bien» a un mundo donde los «superviejos» han dejado de entender lo que significa hoy «mañana».
*Carmen Rico Godoy, Cambio, 17-6-1985*

## Redacción

Describa en unas quince líneas a Mercedes Chamorro.

# LA INDEPENDIENTE

Maruja Navarro representa, a pesar de su brillante y antigua independencia, a una generación marcada por la insatisfacción y la sensación de fracaso social e individual. El peso de los sueños rotos y del desencanto de su generación no ha sido aliviado, a sus veintinueve años, por el éxito profesional y el alto nivel económico que arropan
5  cómodamente su vida.

Maruja abandonó su casa a los diecisiete años. Su padre, el conocido periodista Yale, contrajo nuevo matrimonio, y la situación familiar se hizo difícil. Tras iniciar una suerte de convivencia precaria, abandonó su casa, iniciando el camino de una tormentosa independencia. «El hogar de mi padre nunca fue el mío. Hoy puedo hablar
10 con él en términos de igualdad. Hemos comenzado a conocernos y a ser amigos».

Maruja, como tantos otros, no se siente joven. Ha perdido los ideales que en un tiempo fueron el motor de una emoción y de un intento de cambiar el mundo. Siente que el desencanto entre la gente de su edad es casi el único compañero de viaje, el aliado de una generación eclipsada. «Mis ideales no van hoy por una sociedad mejor.
15 Van por mí misma, por mis amigos y por mi familia. Me siento mayor, cansada y escéptica. Los ideales son hoy cadáveres olorosos.»

El miedo ante el futuro, la sensación de inseguridad frente a la sociedad y un descreimiento generalizado la sitúan en un sector clave de la generación de los ochenta: los desencantados, los que han visto sus ilusiones aniquiladas por la
20 incomprensión y la falta de colaboración de sus mayores o por el proceso histórico irreversible. La independencia no ha sido la salvación: sólo un recurso de la lucha. «Yo soy sensual. Mis sensaciones son de miedo, de ansiedad, de malestar por no saber lo que va a ocurrirnos. Los padres de los ochenta protegen a sus hijos, pero sin fuerza. No les evitan los peligros de la droga o la prostitución infantil.»
25 Su actitud ante la vida es flexible. Sabe lo que le gusta y lo que está en oposición a sus intereses o sensibilidad. Está integrada en el «sistema» y es; al mismo tiempo, una de sus exiliadas. «Trabajo veinticuatro horas al día, odio las drogas y mi ocio es hacer el amor.»

*Carmen Rico Godoy, Cambio 16, 17-6-85*

# Anotaciones

(2) marcado/a: caracterizado/a — fracaso (m.): [Mißerfolg] — (3) roto/a: destrozado/a, destruido/a — desencanto (m.): frustración — aliviar: recompensar, disminuir [mildern] — (4) éxito (m.): triunfo [Erfolg] — arropar: [auspolstern] — (7) contraer nuevo matrimonio: volverse a casar — iniciar: comenzar — (8) precario/a: pobre, deficiente — (9) tormentoso/a, aquí: doloroso/a, difícil — hablar en términos de igualdad: hablar de tú a tú — (14) aliado (m.): compañero — eclipsado/a: oscuro/a — ir por: dirigirse a, tener como fin — (17) oloroso/a; aquí: que huele mal [überlriechend] — (18) descrei-

miento (m,): falta de fe — (19) desencantado/a: frustrado/a [ernüchtert] — (21) irreversible: que no se repite, que no se puede detener — salvación (f.): [Erlösung] — (22) sensual: que se deja llevar por los sentidos [sensuell] — (24) evitar: proteger contra — (27) exiliado/a: que está fuera — ocio (m.): tiempo libre, diversión

## Análisis y comentario

1. Estructure y resuma el contenido del texto.
2. ¿Quién es Maruja Navarro?
3. Maruja llama a la generación de los ochenta «la generación de los desencantados».
   Explique con la ayuda del texto lo que quiere expresar con este término.
4. ¿De qué acusa Maruja a los padres actuales?
   ¿Comparte usted su opinión referente a este punto?
   Justifique su respuesta.

# VI
# OTROS TEXTOS

## Gorriones quinceañeros

Da gozo ver cómo alegran los barrios residenciales y las urbanizaciones de lujo: sobre el cuerpo las etiquetas identificadoras, litronas y cigarrillos en la mano, una moto entre las piernas. Agrupados en bandadas, se aíslan de los demás mortales con un foso de ruido y entre ellos se reconocen por el atuendo específico de sus quince años y se comunican con interjecciones y palabras que nunca llegan a completar una frase. Tienen conciencia de que están atravesando un período fugaz: ayer no se movían de la televisión y mañana dispondrán de un coche. Entonces comenzará la vida y de momento tienen prisa: algo les retoza en su cuerpo desasosegado. No pueden permanecer quietos mucho tiempo en el mismo lugar. Están picoteando tranquilamente en una esquina y de pronto, sin que nadie sepa exactamente por qué, aceleran sus motos y, de dos en dos, levantan el vuelo para posarse unos metros más allá y continuar haciendo lo mismo: estar juntos.

Avanzada la noche han de regresar al nido y cambiar la bandada por la familia. Si hay suerte, los padres están cenando fuera o sentados ante la televisión. Si por desgracia están en casa, resulta inevitable representar la comedia de siempre. El padre se cree en la obligación de fingirse preocupado y severo y la madre singularmente cariñosa. Pero todos los protagonistas saben de sobra que lo único que importa a los padres es que los hijos no les molesten ni les quiten el tiempo o les hurguen su mala conciencia.

Los hijos reaccionan ante la agresión paterna con amenazas de desafecto e indiferencia, obligando a los padres a comprar la paz con dinero y más libertad... Unos se encierran en su habitación a oír música y los otros continúan viendo el partido de fútbol. Bien avanzado el día siguiente, volverán a agruparse en la calle estas bandadas de gorriones callejeros de lujo y así hasta que llegue el momento de emigrar a la playa.

*Alejandro Nieto, El Independiente, 21-7-1990*

## Jóvenes

Está Li Peng en Madrid y el de los bonsáis le recibe. ¿De qué hablarán, aparte de negocios? ¿Del asesinato en masa – como una de las bellas artes? ¿A quién le importan los jóvenes de la plaza china ensangrentada? Ni los jóvenes ni sus jóvenes ideales cuentan gran cosa.

Hoy se está produciendo el primer juicio a un insumiso en Madrid. Ya hay otros desparramados por toda España, condenados por haber perseverado hasta el fin en su ideal de no cumplir el servicio militar, por no aceptar la prestación social sustitutoria que consideran vergonzante, un castigo camuflado, una violación de la voluntad a realizar bajo un responsable que, la mayoría de las veces, detesta al que «no tuvo los cojones» de servir a la patria. Nuestro mundo macho no perdona el pacifismo, y aún es más mezquino: no perdona a los que no pasan por el aro, como pasaron ellos. Y no es ninguna tontería: la aceptación sin crítica de la obediencia ciega del código militar nunca pasa en vano por encima de las conciencias.

Santiago Botana, que mañana cumple 22 años, estuvo en mi casa hace pocos días,

15 con su madre y el fantasma de la sentencia, de la cárcel, planeando anticipadamente sobre sus cabezas. El muchacho lo tiene muy claro: ecologista, contra la sociedad de consumo, solidario, antimilitarista. Lucha, sin atacar, por su derecho a ser como es y a pensar como piensa. La madre, orgullosa del hijo y, al mismo tiempo, sintiéndose culpable por haberle transmitido, quizá en los genes, los ideales de la juventud del
20 68, de aquella que, al envejecer, no se pringó con los que ahora reciben a Li Peng.

Hemos creado un mundo en el que hay que pedir perdón por defender el deseo de crear un mundo mejor. Santi irá a la cárcel, como otros, y será un preso más de conciencia en un país formalmente democrático.

*Maruja Torres, EL PAIS, 5-2-1992*

## La vara y la cresta

Pues resulta que el chico conducía con habilidad su tractor agrícola y se mostraba laborioso al escardar o aricar sus plantaciones. Esto ya es raro cuando la mayoría de nuestra juventud está en paro forzoso y otro porcentaje no desdeñable de jóvenes no trabajan ni aunque les fuercen.

5 Pero aún más raro que su laboriosidad era su imagen, como ahora se dice a lo que antes se llamaba «su pinta». Seguro que alguno de ustedes recordará a nuestro protagonista, el joven labrador del valenciano pueblo de Requena: camisa sin mangas, así como deshilachada por los hombros, una gruesa cadena de hierro al cuello, con candado y todo, un gran imperdible atravesándole el lóbulo de la oreja izquierda y
10 como remate y cimera una espectacular cresta de pelo sobre un cráneo tan mondo como lirondo.

Era pues, un raro «punky», raro, ya que no le veíamos armando camorra por las calles o vociferando en las discotecas urbanas, sino, como decíamos, trabajando ejemplarmente la tierra familiar. Y además casado con una jovencísima y, al parecer,
15 enamorada mujer.

Y entra en escena el segundo actor de nuestra tragicomedia de hoy: un hombre ponderado de una media edad con algo de Edad Media. Hombre comedido, sereno, y según su modo de hablar, reflexivo. Era el señor alcalde de Requena.

Ya tenemos los dos símbolos que titulan este artículo: la vara del alcalde y la cresta
20 del joven agricultor.

Bueno, pues un día, según una de las versiones, el de la cresta insultó o se burló del de la vara y la autoridad encargó a los policías llevaran al encrespado joven a su presencia. Según la versión opuesta fue detenido injustificadamente, vejado e incluso desnudado en las dependencias oficiales, el joven en cuestión.

25 Y ahora sale la sentencia: el alcalde condenado a dos años de inhabilitación para cargos públicos por abuso de autoridad y otros alegatos.

Este enfrentamiento y su consecuente resolución judicial nos obliga a meditar en la trascendencia de la adecuación y equilibrio entre la vara de la autoridad y la cresta de la libertad.

30 Sinceramente creemos que hemos pasado sin transición del férreo rigorismo de la

autoridad despótica e incluso tiránica, al libertinaje estridente, antiestético y a veces hasta delictivo.

Bueno sería que alcaldes de viejo cuño flexibilizaran sus rígidas varas de doradas empuñaduras y oscilantes borlas, que mantuvieran su prestigio y autoridad sin acosar ni desnudar a sus conciudadanos, que ya no son sus súbditos. Pero también es preciso que los que luzcan crestas, cadenas e imperdibles en las orejas sepan convivir sin proferir insultos, promover escándalos o agredir a sus semejantes.

Romper la vara y levantar la cresta me parece tan peligroso como rapar la cresta y sacudir la vara.

*Daniel Noriega Marcos, EL NORTE DE CASTILLA, 30-7-1993*

## Heroína

El consumo de ciertas drogas, generalmente muy adulteradas, y que repercute de manera negativa en la convivencia, está provocando reacciones incontroladas. Decir que dicho comportamiento es racista o fascista no ayuda a entender el asunto. Es evidente que hay personas adictas al consumo de heroína – lo que suelen inyectarse poca heroína contiene –, y dicho consumo tiene un precio muy elevado. El consumo de tabaco o de alcohol es no sólo legal, sino barato, y poco preocupa que 13 personas de cada 100 que mueren en España se deba al tabaco; son muertes que no provocan inseguridad ciudadana. Pero aficionarse a la heroína suele traducirse en actos violentos que afectan a terceros.

Sobre este problema, mucho se escribe. Desde muy diversos aspectos hay que abordar el asunto, y convendría reflexionar si el consumo de heroína no es también un derecho y si a las personas que desde hace años lo hacen – y que no desean dejarlo o no pueden – no sería conveniente que el Estado se hiciera responsable de suministrarles la correspondiente dosis, todas las mañanas, en ambulatorios y hospitales. Si, después de la guerra civil, a los médicos que se hicieron adictos a la morfina se les dio un carné para seguir recibiéndola, y si el tabaco o el alcohol, drogas duras, matan tanta gente, ¿por qué no suministrar legalmente heroína?

Si personas que desde hace años son adictas a la heroína, en un contexto respetuoso y no marginante, la reciben se evitarán las sobredosis, diversas enfermedades, que el adicto termine en la cárcel, etcétera. Mejorarán sus expectativas y la calidad de vida, y, vinculado de manera normalizada a la red sanitaria y social, se creará una situación más propicia para lo que se denomina integración, e inclusive es posible que así puedan dejar dicho consumo.

Esta decisión no contradice otras estrategias ni tiene que ver con la legalización. Si decimos que un yonqui es un enfermo, cuando no quiera (y es un derecho) dejar de serlo hay que ofrecer una posibilidad que evite su definitiva desintegración social. Y en la medida en que no cometa delitos, la sociedad estará en condiciones de tener ante el fenómeno una actitud menos crispada.

*Héctor Anabitarte Rivas, EL PAIS, 28-10-1991*

## Heroísmos

Es frecuente oír de la indignación de una mujer violada, de la madre de un chico apaleado, de un ejecutivo asaltado a punta de navaja, ¡fíjate, a las tres de la tarde, en pleno día, porque, ocurriendo los hechos en plena vía pública, nadie acudió a interponerse entre víctima y asaltante!

5 Esto del heroísmo urbano es cosa que me trae a mal traer. Hasta ahora he tenido la suerte de no verme obligado a presenciar una escena de esta nueva cultura de las relaciones entre ciudadanos. Porque confieso que no sé cuál sería mi reacción. Intuyo que no seguiría de largo, igual que no lo haría ante un accidente de tráfico con heridos; al menos, la solidaridad alcanza a la condición de testigo horrorizado.

10 Pero, una vez detenido en la escena del crimen, ¿qué haría yo? ¿Decirle a un skinhead: «Perdone, pero no me parece que deba usted pegarle patadas en la cabeza a este señor»? ¿Abalanzarme sobre ellos como un «ninja»? No soy ni cinturón blanco de karate, mi cultura no es la de la violencia (hombre, tengo cierto entrenamiento en correr delante de la policía de Franco) y, salvo la primera bofetada, ellos me darían a
15 mí más que yo a ellos. Esa vocación de héroe yo no la tengo. Todo lo más, podría interrumpir una violación – lo haría con gusto – aprovechándome de la ventaja que me daría zurrarle al violador cuando está más atento a otros menesteres.

Me parece que, para héroes, los policías municipales, ¿no? La presencia de patrullas en las calles, en los puntos conflictivos, contribuiría a limitar la violencia
20 callejera y no obligaría a los ciudadanos a pasearse con complejo de culpa.
*Fernando Schwartz, EL PAIS, 16-12-1992*

## La «caza» del drogadicto

La violencia no cesa desde hace una semana en el barrio de la Malva-rosa, en el distrito marítimo de Valencia. La agresiones a drogadictos por parte de jóvenes entre los 12 y 16 años, alentados por la mayoría del vecindario, se producen cada noche ante la pasividad de la policía. Lo que comenzó como una manifestación pacífica
5 contra el tráfico de droga en el barrio se ha convertido en una «caza» humana. La Malva-rosa tiene 17.000 habitantes.

Un sector de los vecinos ha amenazado con sitiar en los próximos días las denominadas «Casitas Rosas», bloque de edificios donde se centra la venta de droga y cuyos inquilinos son, en su mayoría, gitanos.

10 «La caza del drogadicto se ha convertido en una fiesta. Los niños cuentan entre risas cómo acaban de apalear a un indefenso», comentó ayer un miembro del extinguido colectivo «Los justicieros de la Malva-rosa», que calificó la actuación de los vecinos como «brutal». «Si esto se acaba y los gitanos no se van, con el rencor que están acumulando puede pasar lo peor», matizó otro muchacho. Cada noche,
15 desde hace una semana, unos 3.000 vecinos de la Malva-rosa cortan todos los accesos al barrio con vallas y contenedores de basura. Entonces se inician las persecuciones y los ataques a todos los heroinómanos que encuentran. La ira es tal que ciudadanos que querían llegar a sus casas en la zona también han recibido palizas.
*María José Serra, EL PAIS, 7-10-1991*

## Los triunfadores

Vienen desde los pueblos más remotos y recónditos. Proceden de las familias más dispares. Aparentan desenvoltura, e intentan producir la impresión de haber nacido por generación espontánea para evitar antecedentes. Aspiran a parecerse a los mejores de entre ellos, y lo malo es que muchos de los demás mortales ansiarán parecerse a ellos. Visten con desdén ropas caras; se dan masajes caros: hacen deportes que los conserven jóvenes y que les sirvan para relacionarse y promocionarse. Les gustaría a todos tener barbilla hendida, mejillas con ojuelos, sonrisa encantadora, dentadura perfecta. Desean ser guapos para enamorar, no para enamorarse (lo cual entienden que es una pérdida de tiempo irrecuperable), o sea, para seducir. Porque su cuerpo y su alma son unos intransferibles instrumentos de trabajo, que hay que mantener en el mejor estado de producción posible. Tienen mirada fría, cuello frío, y un no sé qué lejano, artificial y repugnante. Son los insaciables. Son hostiles a cuanto no les favorezca. Son los buscadores de sí mismos, que se buscan siempre por delante, sin darse cuenta que se extraviaron detrás. Son, aunque no lo sepan, los vencedores vencidos de antemano.

Los padres, amantes del provecho de sus hijos, suelen ponérselos de modelos. Salen en los periódicos como conductores de las economías nacionales. Tuvieron una juventud aséptica y ansiosa, con el triunfo como unas antojeras que no dejan mirar hacia los lados. Pretendían llegar no sabían bien dónde, ser alguien en el mundo, contar y que se contara con ellos. Lo han conseguido ya y, sin embargo, nadie puede frenarlos ni distraerlos todavía. Son los instalados inquietos, los versátiles para los que – paradójicamente – no existe más que un fin: un fin que para los otros – paradójicamente – es sólo un medio. Son los trabajadores incesantes. El trabajo es su eje y su razón de ser. Para él trabajan, para él aman; por él viven y por él se desviven. Porque su trabajo está por encima de su vida. No rebajan prudentemente sus necesidades con tal de rebajar la fatiga para satisfacerlas. A pesar de que tienen pocas necesidades: sólo no ser interrumpidos en su duro galope hacia una meta que ven cada día más distante... ¿Qué es llegar, y adónde ha de llegarse? Cada uno es dueño de decir: «Hasta aquí. Basta. Voy a sentarme ya. Me voy a recrear en lo que he conseguido». Ellos comenzaron su quehacer engañados: trabajaban por conseguir los medios para poder tumbarse a la bartola a tomar el sol debajo de una palmera. Ya tienen los medios. Están junto a los que desde el principio se tumbaron al sol y ellos despreciaban; junto a los que no se han levantado sino para acercarse un poco de ropa o de comida. Y ellos, los triunfadores, ni siquiera pueden tumbarse a descansar. La inercia los arrastra. Pero continúan despreciando a los que no se movieron y a los que ya han cesado de moverse; despreciando a los contentadizos, ellos, que son la personificación del perenne descontento.

En lo exterior traslucen autoestima, autosatisfacción, atildamiento: representan un producto del que la vida puede sentirse orgullosa. En su interior, por el contrario, habitan el fracaso, la inseguridad, la tensión y el pesimismo: la sentencia que dictamos sobre nosotros mismos depende de nuestros elementos de juicio y de aquello que anhelamos cumplir. Esta contradicción entre el dentro y el fuera provoca unos característicos resultados: desconfianza en los demás, manifestada por la imposibilidad de delegar, y la urgencia de someterlo todo a revisión, que los desasosiega y los abruma; impaciencia con todo y todos, que se concreta en una permanente brusquedad e irascibilidad; ficticia independencia de los otros, sin percibir que basta la avería de un ascensor, de un timbre, cualquier percance, un atasco de la circulación, el deterioro de un semáforo, una huelga de aviones, para que sus proyectos se anonaden. (Aunque se tengan aviones propios, yates y mensajeros propios, todos los medios de comunicación al alcance de la mano: porque la independencia, o es un espejismo, o es un puro concepto interior, ellos son los grandes dependientes: su adicción al trabajo no les permite cultivar ningún aspecto artístico ni verdaderamente creativo, ni sentir afición por nada que sea independiente de verdad de su trabajo...) Ellos aspiraron a ser los primeros, sin preguntarse entre quiénes; los primeros de un mundo cruel, desgarrador y asesino, que han inventado ellos entre ellos, y cuyas reglas sólo ellos conocen y sólo a ellos rigen. Ambicionaron ser todo o nada, César o nada, y en su más secreta intimidad, en los breves momentos de conciencia que su apresuramiento les permite, olfatean la tragedia: son todo y nada a la vez, César y nada. Han conseguido la totalidad: lo que querían y también lo contrario; cuanto ansiaban y cuanto detestaban.

Su pasión, que es el éxito, los ha arrastrado demasiado lejos. Ahora tienen a su alrededor asociados, no amantes, cómplices que pueden sobrepasarlos cualquier día, o abandonarlos, o venderlos, como hicieron ellos con otros no hace tanto. En la carrera de la competividad que emprendieron no ven a sus competidores como rivales comprensibles o adversarios leales: son tan sólo enemigos a muerte que quieren destronarlos, quitarles el sitio al sol bajo la palmera en la que ya jamás se tenderán. Ellos se ocupan, con plena dedicación y tiempo íntegro, de sí mismos y de sus propios asuntos. Su entorno es sólo un medio, ofrecido a su disposición, que hay que saber usar. Piensan que son generosos porque en el fondo trabajan para los demás, sin descubrir que no tienen más remedio porque ellos mismos han desaparecido y porque no pueden ponerse ni comerse ni beberse ni llevarse cuanto traman, promueven, fabrican, mercan, trasiegan y manejan. Piensan que son generosos con sus mujeres y sus hijos porque les dan dinero, cosas, lujos, sin descubrir que sólo son ofrendas a dioses personales: unos dioses a los que ni sus mujeres ni sus hijos adoran.

Sólo tienen temor común e individual al mismo tiempo: los instantes de soledad que no consiguen rellenar de trabajo: lo que va de un coche a un avión, lo que tardan en firmar un cheque, lo que emplean en afeitarse, lo que se demora una mujer al salir del baño. De ahí que odien la impuntualidad y la falta de respeto estricto a los horarios. Porque tales instantes vacíos tocan con sus cuidadas manos la soledad y lo que representa. No una soledad producida por sentimientos o raciocinios, no una llena de desgracias, anhelos o incomprensiones, sino una soledad vacía, es decir, llena de objetos que de verdad no estiman porque para ellos, a fuerza de tenerlos o hacerlos, han llegado a ser ya insignificantes y accesorios... Y, momentos antes de reventar de un infarto de miocardio, percibirán irremediablemente lo triste que ha sido no usar el corazón más que para morirse.

*Antonio Gala, EL PAIS SEMANAL, 21-1-1989*

## La ruta del «bakalao»

Los jóvenes que, a fines de los sesenta, libraban la llamada guerra generacional con sus padres, rigoristas y autoritarios dentro de la ortodoxia sociológica de la España franquista, hoy ya no son jóvenes y descansan – tal vez demasiado – de sus lejanas batallas por conquistar, contra el sistema, un modo de vida más libre.

Pelearon por reivindicaciones ahora elementales, discutieron planteamientos que creían evidentes, ocultaron transgresiones al orden familiar y a las buenas costumbres, y forzaron conquistas que les depararon libertades personales y que trajeron rupturas en los discursos morales, políticos y, en definitiva, existenciales dominantes.

¿Quién les iba a decir a aquellos jóvenes, hoy padres cuarentones, que sus hijos habían de plantearles un frente – un test al equilibrio entre su liberalidad y su recién hallado sentido de la autoridad – como el que hoy representa, por ejemplo, la «ruta del «bakalao»?

Miles de muchachos, en el calor de la noche, peregrinan durante los fines de semana, hacia el levante o hacia Madrid, en busca de los megatemplos donde suena hasta el aturdimiento una música machacona e hipnotizante. Mentiras para camuflar el plan, dinero para drogas sintéticas, coches a toda velocidad con una rueda al borde del precipicio, sexo improvisado, tensión contra todos los límites.

Ahora muchos de aquellos jóvenes de los sesenta entienden lo que es esperar el regreso a casa de un hijo. Y, seguramente, no entienden cómo una ilusión general de una vida que se quería más libre y asistida por valores más estimulantes, se ha transformado en un vacío ruidoso que aleja a sus hijos de alguna actividad con sentido y les impulsa a ese viaje trepidante al fin de la noche.

¿Qué hacer? ¿Cómo reaccionar? ¿Cómo comprender? Se acumulan las tentaciones indeseables: visiones moralistas, frenos represivos, reproducción de clichés paternos prohibicionistas, comparaciones odiosas con el pasado. El asunto se abre a un sinfín de consideraciones resbaladizas.

Pero hay datos concretos sobre los que reflexionar y actuar sin iniciar tesis filosóficas. Parece evidente que este fenómeno esclarece un fracaso educativo, tanto en el terreno de los valores como del gusto y la responsabilidad. La cultura del automóvil asociada a la aventura se impone entre los jóvenes frente a la imprescindible, aunque menos apetecible, cultura de la conducción. Las administraciones deberían actuar con efectivos policiales tanto sobre el tráfico vial como sobre el tráfico de drogas en estas rutas. Y la sociedad debería ir reaccionando ante un síntoma de su desvertebración, de su incapacidad de aglutinar individuos en torno a actividades dotadas de finalidad comunitaria. La tercera vía entre la juventud integrada o la juventud rebelada no debiera ser la juventud alucinada, extenuada y, al fin, estrellada.

*Editorial, El Mundo, 17-7-1993*

## «El Guille»

Guillermo Segura Marín, El Guille, de 30 años, se hizo famoso a fines de los setenta como lugarteniente de la banda de «El Jaro», un grupo de delincuentes juveniles que fue el azote de los madrileños con sus «tirones», atracos y robos de coches. El Guille está hoy encarcelado en Alcalá-Meco (Madrid), condenado por multitud de hechos y pendiente aún de ser juzgado por muchos más.

Pregunta. ¿Por qué y cómo llegó usted a la delincuencia?

Respuesta. Porque no tuve una infancia como cualquier niño normal ni una educación correcta. Tuve gran falta de cariño. Y cuando he hecho algo mal, no me han dicho: «No, esto no es así». Me hubiera gustado tener una infancia normal. Teniendo pocos años, he entrado en reformatorios y ahí empieza ya la marginación. Con 11 ó 12 años, nos escapábamos dos o tres. Había que comer, cogíamos un coche y hacíamos de todo: entrar en una panadería a coger bollos o el dinero de la caja, hasta romper lunas de escaparates por la noche... Nos buscábamos la vida como podíamos, y luego íbamos al campo a dormir.

P. ¿Es posible la reinserción con el sistema carcelario actual?.

R. No. Habría que cambiar bastantes cosas, entre ellas varios artículos del Código Penal. Debería haber más talleres en las cárceles y dar a los internos formación profesional y trabajo al quedar en libertad. Que la sociedad no les margine.

P. ¿Hay interrelación entre droga y delincuencia?

R. La delincuencia lleva a la marginación. Una persona marginada es como la escoria de la sociedad. La marginación lleva a la droga como refugio y esto lleva a delinquir, si no tienes personas que te ayuden. Todo ser humano tiene derecho a otra oportunidad.

P. ¿Son las causas principales de la inseguridad ciudadana la delincuencia juvenil y los drogadictos?

R. No, aunque en parte sí. El 99% de los delincuentes son drogadictos. Hoy en día nadie roba para comer. Pero creo que hay más causas. Ellos son una minoría en la sociedad; no pueden ser la causa principal.

P. ¿Qué le parece penalizar el consumo público de drogas?

R. No es una solución al problema. Cada persona es libre de hacer lo que quiera con su cuerpo. Un drogadicto es un enfermo. Deberían penalizar más a los grandes traficantes. De la cárcel se sale peor de lo que se entra, porque la cárcel es una escuela de delincuentes. Si se les penaliza, sería para llevarlos a centros de desintoxicación.

*EL PAIS, 13-5-1993*

## Cabalgar

Era guapo, extremadamente guapo y tenía los testículos de piedra ónice e iba sobre ellos cabalgando una motocicleta de fuego por las tinieblas del sábado en aquella ciudad donde resplandecía una zarza ardiente en cada esquina. Con los ojos de hielo este macho en llamas volaba por la atmósfera con una Virgen pegada a los riñones dejando una ráfaga de hedor cabrío en la noche. A esa hora ya hervían los cuchillos en la niebla, sonaba la enorme berrea de los venados cerca de los abrevaderos y en todos los banquetes se hallaba sentada la muerte bajo la forma de una mujer pálida que impartía en una misma copa a los invitados la peste y el placer de los sentidos. Todavía era humano aquel joven motorizado pese al vértigo de la máquina y la chica que lo acompañaba también parecía humana, aunque los cascos fosforescentes y las vestiduras de amianto imponían a ambos una imagen sideral. Ellos no se dirigían a ninguna parte. Tampoco huían. Sólo querían fundir el espacio sagrado de la ciudad con sus propias vísceras en una travesía instantánea que tuviera el fulgor del rayo hasta alcanzar la unidad más dulce de la carne y el terror.
La velocidad casi les obligaba a despegar. Muy pronto con la fricción de su cuerpo contra la oscuridad el joven motorista comenzó a arder y enseguida supo que una rótula o tal vez un trozo de fémur se desprendía de él como una ascua incandescente. Así fue el principio de la desintegración. A medida que aceleraba se iban quedando vacíos, cada miembro se convertía en una centella que salía disparada y en la primera curva a la chica se le voló la cabeza, pero el piloto ya viajaba con el corazón fulminado. Su sexo de ónice había caído sobre el oscuro festín en un sótano de centauros, los senos de ella habían entrado en órbita y serían siempre astros. Cuando un macho y una hembra tan bellos montados en una maquinaria ambigua quedaron sin carne ni memoria, se transformaron en los ángeles más velones de aquella noche del sábado en la ciudad y ya nunca dejaron de cabalgar.
*Manuel Vicent, EL PAIS, 19-3-1989*


## Una juventud distinta

La encuesta sobre la juventud española 1989, que acaba de publicar la Fundación Santa María, hecha con las mejores garantías del análisis sociológico, es una verdadera fuente de sorpresas: muestra, por de pronto, que los jóvenes – entre los catorce y los veinticinco años – de finales de los 80 tienen bastante poco que ver con la generación anterior, la que surgió tras los estallidos del 68. Si ésta era una juventud revolucionaria, agresiva, radical en sus planteamientos políticos, negadora de los valores tradicionales, rupturista con su familia y desinteresada del pensamiento y la práctica religiosa, los nuevos jóvenes se muestran mucho más pragmáticos, conservadores y equilibrados; no aspiran a revolucionar la sociedad, sino a insertarse críticamente en ella; se sienten a gusto en su vida familiar, aun cuando discrepen ideológicamente de sus padres; y han crecido notablemente en su aprecio no sólo a lo religioso, sino a la misma Iglesia-Institución, cosa que en cambio no se registra en su aprecio a las instituciones estatales o hacia una política que cada día les interesa menos.

Esa mayor confianza de los jóvenes en la Iglesia exige una respuesta adecuada por parte de la institución: no debe quedarse en los datos estadísticos de una encuesta. Los interrogantes son muchos y mucho también el deseo de los jóvenes de obtener respuestas a ellos, porque la confianza se sustenta siempre en bases sólidas de comprensión y conocimiento profundo.

Estamos ante datos que obligan a muchas reflexiones porque vienen a derribar muchos tópicos circulantes. Por ejemplo, en la visión religiosa y moral de los jóvenes. Durante décadas se presentó como imparable el proceso de secularización. Pero en pocos años las aguas han girado y, concretamente, la confianza en la Iglesia ha crecido no menos que en cuatro puntos y en muchos aspectos morales – la aceptación del divorcio o de la infidelidad intramatrimonial – su postura es claramente tradicional.

Esto es doblemente llamativo si se tiene en cuenta que ni los jóvenes de hoy ni la sociedad en su conjunto tiene un gran aprecio a las formas institucionales. Concretamente la confianza de los jóvenes en el Estado y sus instituciones ha descendido en dos puntos; el 50 por 100 de ellos declaran no tener el menor interés por la política – salvo en los temas ecológicos y el pacifismo – y sólo uno de cada cien está inscrito o interesado en un partido político.

Giro también llamativo en las relaciones de los jóvenes con sus progenitores: si hace una década los más aspiraban a independizarse cuanto antes, ahora prolongan cuanto pueden su estancia en la casa paterna, en la que dicen sentirse «relajados y felices» y en un gran porcentaje (8 de cada 10) aseguran estar muy compenetrados con sus padres, aunque no siempre coincidan con ellos en el tipo de ideas políticas, ya que se han hecho más tolerantes, comprensivos y permisivos que antes.

Todo este amplio diagnóstico obliga a toda la sociedad española a muchos y significativos replanteamientos, ya que esta juventud de hoy puede desembocar o en un aburguesamiento de corte puramente pragmático o en un equilibrio creador y enriquecedor. Y eso va a depender fundamentalmente de los actuales dirigentes sociales, políticos, religiosos y familiares.

A una «nueva» juventud tendría que responder un «nuevo» tipo de políticos, un renovado tipo de Iglesia, un mejor ejercicio de la paternidad, un más serio planteamiento en los campos intelectuales, una mayor apertura laboral. Es decir: una tarea gigantesca. Pero con la certeza de que se cuenta con una generación más abierta y preparada para recibir esos influjos. Parece que ha pasado la hora de temer y desconfiar de la juventud y que llega la hora de ayudarla.

*Editorial, ABC, 1990*

## Mi hijo es ingeniero

En una reciente visita a Múnich con motivo de una Feria profesional, me encontraba charlando con un buen amigo alemán propietario de una importante empresa multinacional del sector. Transcurría la conversación por el terreno de los lugares comunes familiares, cuando me interesé por su hijo mayor. A mi pregunta sobre los estudios que realizaba me contestó en un tono de satisfacción que había iniciado los estudios de «Feinmechaniker»: ajustador o mecánico de precisión, como ustedes quieran.

Mi imaginación voló de repente al Sur. Aquella respuesta de una persona de su posición social, acompañada de ese timbre de satisfacción, no hubiera sido de esperar en un país absurdo y poco práctico como el nuestro. País, donde siglos de luchas por ganar honra, decantaron en poso inútil para las generaciones de final del siglo veinte, el rancio destilado de aquella solemne declaración de orgullo paterno marcando distancias: «Mi hijo es Ingeniero».

Viene esto a cuenta de ese falso complejo de señorío presente todavía en gran parte de la sociedad española. Aún habiendo finalmente asumido a remolque de los tiempos, pero sin mayor entusiasmo, que el trabajo no quita sino que añade honra, se fomenta por honrilla social, más que por aptitudes del vástago, que vaya para universitario como sea. Luego ocurre que se tiene que arrimar malamente en la vida a lo que salga, a veces con el lastre de tan digno como poco práctico título. Y para caso de apuro no le queda ni la garantía que da el dominar un oficio, por no haberle orientado hacia estudios técnicos o especializaciones profesionales de alta demanda y claro futuro empresarial. Mientras tanto cualquier técnico con iniciativa u oficial mañoso con empuje se independiza, y de la noche a la mañana tira para delante de empresario boyante y sin complejos, pasando de sonoros títulos universitarios.

Cifras cantan. En Aragón, por ejemplo a los catorce años, el 52 por cien de los escolares de esa edad eligen BUP camino de la Universidad. Algunos menos, el 48 por cien, comienzan la formación profesional. En Alemania nada menos que el 73 por cien eligen de entrada la posibilidad de aspirar a dominar una técnica profesional, entre ellos y creo que acertadamente, el hijo de mi amigo. Mientras tan sólo un 27 por cien aspiran a seguir el bachiller y a entrar en una Universidad, donde por cierto únicamente tiene cabida el esfuerzo personal y la masificación o el bajo rendimiento son inimaginables.

Son porcentajes que merecen una seria reflexión. Poner los medios adecuados y en la proporción conveniente, a los fines propuestos, es la única forma de encarar con realismo cualquier proyecto. Si por ende el proyecto es el desarrollo industrial y económico de una sociedad que pretende competir en un concierto internacional esencialmente técnico, habría que poner remedio a esta situación y sin demora, pues en los técnicos especialistas y en el nivel de su capacitación profesional reside la base de la competitividad y del futuro.

*Miguel Angel Hidalgo, ABC, 8-9-1991*

# Quellennachweis

Text 1   Aus: Hubo una vez otra guerra. 1990 Ediciones SM, Madrid
Text 2   Aus: Los hijos. El País v. 3.3.1993
Text 3   Aus: Arturo y Elena. Cambio 16 v. 17.6.1985
Text 4   Aus: Adolescencia y Depresión. El País v. 23.1.1992
Text 5   Aus: Hijos encantadores. Estilo v. 6.2.1987
Text 6   Aus: Chicas de servir. 1985 Planeta, Barcelona
Text 7   Aus: Notario sacrificado. El País v. 7.1.1990
Text 8   Aus: Del diario de un padre. Blanco y Negro v. 7.4.1991
Text 9   Aus: Falta de valores. ABC v. 24.8.1992
Text 10 Aus: Los paganos. Cambio 16 v. 17.6.1985
Text 11 Aus: Otras alternativas. El Independiente v. 22.8.1991
Text 12 Aus: Vergüenza de sus padres. El País v. 5.2.1989
Text 13 Aus: El pelo. ABC v. 17.8.1991
Text 14 Aus: Cuentos completos. 1981 Alianza, Madrid
Text 15 Aus: Tribus urbanas. El Independiente v. 15.9.1991
Text 16 Aus: Saltando sobre vomitinas. ABC v. 1.9.1991
Text 17 Aus: Dominicano agredido por «cabezas rapadas». El País v. 30.12.1992
Text 18 Aus: Controlando la «movida». El Independiente v. 20.10.1991
Text 19 Aus: No hay derecho. El País v. 5.4.1993
Text 20 Aus: La oveja negra. 1991 Anagrama, Barcelona
Text 21 Aus: Sólo quedamos cuatro. ABC v. 9.2.1992
Text 22 Aus: La trata de «yonkis». El País v. 21.6.1990
Text 23 Aus: Habla un drogodependiente de 33 años. Cruz Roja v. 6.1992
Text 24 Aus: Las otras víctimas. YA v. 22.8.1987
Text 25 Aus: Hay que abrir nuevos caminos. ABC v. 24.11.1991
Text 26 Aus: Madres contra camellos. El País v. 3.2.1992
Text 27 Aus: Liberar de las sectas. ABC v. 23.7.1987
Text 28 Aus: Droga y juventud. ABC v. 9.2.1992
Text 29 Aus: Un joven de Madrid. Cambio 16 v. 17.6.1985
Text 30 Aus: Volver a la cárcel. El País v. 3.2.1992
Text 31 Aus: Soñadores irreales. Blanco y Negro v. 11.11.1990
Text 32 Aus: La travesía del camello. El País v. 12.5.1989
Text 33 Aus: Con un camión bajo el brazo. El País v. 31.5.1988
Text 34 Aus: La independiente. Cambio 16 v. 17.6.1985

**Otros textos**
Text 1 Aus: Gorriones quinceañeros. El Independiente v. 21.7.1990
Text 2 Aus: Jóvenes. El País v. 5.2.1992
Text 3 Aus: La vara y la cresta. El Norte de Castilla v. 30.7.1993
Text 4 Aus: Heroína. El País v. 28.10.1991
Text 5 Aus: Heroísmos. El País v. 16.12.1992

Text 6   Aus: La «caza» del drogadicto. El País v. 7.10.1991
Text 7   Aus: Los triunfadores. El País Semanal v. 21.1.1989
Text 8   Aus: La ruta del «bakalao». El Mundo v. 17.7.1993
Text 9   Aus: El Gille». El País v. 13.5.1993
Text 10 Aus: Cabalgar. El País v. 19.3.1989
Text 11 Aus: Una juventud distinta. ABC v. 11.3.1990
Text 12 Aus: Mi hijo es ingeniero. ABC v. 8.9.1991